U0728861

现代财务会计与税收管理研究

黄文婧　刘彦琼　李亚微 ◎ 著

中国出版集团　现代出版社

图书在版编目（CIP）数据

现代财务会计与税收管理研究 / 黄文婧，刘彦琼，
李亚微著. -- 北京 ： 现代出版社，2023.9
ISBN 978-7-5231-0459-0

Ⅰ. ①现… Ⅱ. ①黄… ②刘… ③李… Ⅲ. ①财务会
计－研究②税收管理－研究 Ⅳ. ①F234.4②F810.423

中国国家版本馆CIP数据核字（2023）第145060号

现代财务会计与税收管理研究

作　　者	黄文婧　刘彦琼　李亚微	
责任编辑	田静华	
出版发行	现代出版社	
地　　址	北京市朝阳区安外安华里504号	
邮　　编	100011	
电　　话	010-64267325　64245264(传真)	
网　　址	www.1980xd.com	
电子邮箱	xiandai@cnpitc.com.cn	
印　　刷	北京四海锦诚印刷技术有限公司	
版　　次	2023 年 9 月第 1 版　2023 年 9 月第 1 次印刷	
开　　本	185 mm×260 mm　1/16	
印　　张	10.75	
字　　数	250千字	
书　　号	ISBN 978-7-5231-0459-0	
定　　价	58.00 元	

前　　言

  会计是随着社会生产的发展和经济管理的需要而产生、发展并不断完善起来的。而税收更是涉及经济生活的方方面面，成为人们经济决策中不可忽视的因素。与此同时世界经济体系不断融合，财务管理效率直接影响到核心竞争力提升。在信息化经济环境中，财务管理也需要进行改革创新。探索税收筹划与会计核算及财务管理的协同推进，不仅能有效提高企业工作效率，同时也能让信息更加透明，尤其对财务数据的处理具有更大益处。税收筹划与会计核算的融合，已经成了当前社会发展形态下的必然趋势，企业的税收筹划与企业的经济发展利益息息相关，管理适当会帮助企业发展得更为完善，反之企业则会面临破产风险。

  本书主要研究财务会计与税收管理方面的知识，从介绍财务会计基础入手，针对财务会计管理体制与财务管理模式以及税收原则与效应、增值税的相关理论和个人所得税相关知识进行了分析研究；另外对财务业务核算、迈向数字经济时代的税收制度转型提出了一些建议。对现代财务会计与税收管理的应用创新有一定的借鉴意义。

  在本书的写作过程中，得到了收到宝贵的建议，谨在此表示感谢。同时作者参阅了大量的相关著作和文献，在参考文献中未能一一列出，在此向相关著作和文献的作者表示诚挚的感谢和敬意，同时也请对写作工作中的不周之处予以谅解。由于作者水平有限，编写时间仓促，书中难免有疏漏不妥之处，恳请专家、同行不吝批评指正。

目录

第一章 财务会计概述

第一节 财务会计的基础知识

一、财务会计的定义

财务会计是现代会计的一个分支，它同管理会计相配合并共同服务于市场经济条件下的现代企业：财务会计主要面向不参与企业经营管理而对企业有资源投入或有其他利害关系的外部集团，因此，财务会计又被称为"对外报告会计"；管理会计则主要面向负责企业经营管理的经营者，因此，管理会计也被称为"对内报告会计"。

二、财务会计目标

（一）财务会计目标的概念

财务会计的目标就是财务会计系统所要达到的目的。财务会计是一个加工、生产会计信息的系统。财务会计这个系统应为谁提供信息、提供哪些信息、提供信息的用意是什么，这些都是财务会计目标所要解决的问题。

财务会计主要面向企业外部信息使用者，并为其提供信息，当然也为企业内部信息使用者提供信息；既要为与企业有直接经济利益关系的群体提供信息，又要为与企业有间接利益关系的群体提供信息。在市场经济条件下，财务会计的信息使用者一般有投资者或潜在投资者、债权人或供应商、企业管理当局、企业职工、证券交易所、政府部门以及同企业有利害关系的集团与个人。

财务会计应为信息使用者提供与企业财务状况、经营成果和现金流量等有关的会计信息。财务会计提供会计信息的用意主要在于帮助信息使用者作出正确的决策。

综上所述，财务会计的目标可以概括如下：为财务会计报告使用者提供与企业财务状况、经营成果和现金流量有关的会计信息，反映企业管理层受托责任履行情况，有助于财务会计报告使用者作出正确的经营决策。

（二）我国财务会计的目标

1.基本目标

财务会计的基本目标是指在财务会计工作中处于支配地位起主导作用的目标。由于财务会计是整个经济管理的重要组成部分，因此财务会计的目标应从属于经济管理的总目标，或者说财务会计目标是经济管理总目标下的子目标。在我国社会主义市场经济条件下，经济管理的总目标是提高经济效益。所谓"提高经济效益"，就是在投入一定价值的情况下，尽可能地收回更多的价值量，或者是在收回的价值量一定的情况下，尽可能地减少投入的价值量。因此，作为经济管理重要组成部分的财务会计工作也应该以提高经济效益为基本目标。

2.具体目标

财务会计的具体目标是会计基本目标在财务会计工作中的具体化，也称为"财务报告的目标"，财务会计目标在整个财务会计系统和企业会计准则体系中居于十分重要的地位，是构建会计要素确认、计量和报告原则并制定各项准则的基本出发点。

会计产生和发展的历史表明，人们进行会计活动的主要目标是为会计信息使用者提供决策相关的有用信息。因此，财务会计的目标应主要解决以下问题：第一，为谁提供会计信息；第二，提供什么样的会计信息。

财务会计最初的目标是向财产所有者如实反映财产经营者对受托资源的管理和使用情况，即反映企业管理层受托经济责任的履行情况，从而有助于合理评价企业管理层的经营管理责任和资源使用的有效性，这种观点被称为"受托责任观"。随着股份制经济的发展以及资本市场的完善，会计信息的使用者逐步扩大为投资者、债权人、政府及其有关部门和社会公众等众多用户，其对会计信息的需求也发生了较大的变化，因此，财务会计的目标转变为"为财务报告的使用者提供对其决策相关的有用信息"这种观点被称为"决策有用观"。有关财务会计目标的受托责任观与决策有用观不是对立的，财务会计的目标既可以满足会计信息使用者经济决策的需要，又可以反映企业管理层受托责任的履行情况。各个国家均根据本国的实际情况来确定其财务会计的目标。许多国家财务会计的目标兼顾决策有用和受托责任，即实行双重目标，我国也是如此。

我国财务会计的目标是为财务报告使用者提供与企业财务状况、经营成果和现金流量等有关的会计信息，反映企业管理层受托责任履行情况，有助于财务报告使用者作出正确的经营决策。其主要包括以下内容。

（1）为财务报告使用者提供与其决策相关的有用信息

财务会计的主要目标是满足财务报告使用者的信息需要，以帮助财务报告使用者作出经济决策。因此，向财务报告使用者提供对其决策有用的信息是财务报告的基本目标。如

果企业在财务报告中提供的会计信息与使用者的决策无关，没有使用价值，那么财务报告就失去了其编制的意义。

根据为财务报告使用者提供对其决策有用的信息这一目标的要求，财务报告所提供的会计信息应当如实反映企业所拥有或者控制的经济资源、对经济资源的要求权以及经济资源要求权的变化情况，如实反映企业的各项收入、费用、利得和损失的金额及其变动情况，如实反映企业的各项经营活动、投资活动和筹资活动等所形成的现金流入和现金流出情况等。从而有助于现在的或者潜在的投资者、债权人以及其他使用者正确、合理地评价企业的资产质量、偿债能力、盈利能力和营运效率等，有助于使用者根据相关会计信息作出理性的投资和信贷决策，有助于使用者评估与投资和信贷有关的未来现金流量的金额、时间和风险等。

（2）反映企业管理层受托责任的履行情况

现代企业制度强调企业所有权和经营权相分离，企业管理层是受委托人之托经营管理企业及其各项资产，负有受托责任，即企业管理层所经营管理的企业各项资产均为投资者投入的资本（或者留存收益作为再投资）或者向债权人借入的资金所形成的，企业管理层有责任妥善保管并合理、有效地运用这些资产。尤其是企业投资者和债权人等，需要及时或者经常性地了解企业管理层保管、使用资产的情况，以便评价企业管理层受托责任的履行情况和业绩情况，并决定是否需要调整投资或者信贷政策，是否需要加强企业内部控制和其他制度建设，是否需要更换管理层等。因此，财务报告应当反映企业管理层受托责任的履行情况，有助于评价企业的经营管理责任和资源使用的有效性。

（3）为国家提供宏观调控所需要的特殊信息

企业是整个国民经济的细胞，是宏观经济的微观个体。没有企业的微观个体，就没有国民经济的宏观整体。企业经营状况的好坏、经济效益的高低直接影响着国民经济的运行情况。虽然我国实行的是社会主义市场经济，但是政府仍然需要通过一定的宏观调控和各项管理措施对国民经济运行情况加以调节，需要借助对企业会计所提供的会计信息的分析，了解、掌握和判断国民经济的运行情况，以便制定有效的宏观调控措施和管理办法，促进国民经济健康、有序、稳定地发展。

（4）加强经营管理，提高整体经济效益

企业经营管理水平的高低直接影响着企业的经济效益、经营风格、竞争能力和发展前景，在一定程度上决定着企业的前途和命运。为了满足企业内部经营管理对会计信息的需要，现代会计已经发展了以满足内部经营管理需要为主的管理会计。但是，这并不意味着企业内部经营管理不需要财务会计信息。实际上，通过分析和利用财务会计所提供的有关企业财务状况、经营成果和现金流量方面的信息，企业管理者就可以全面、系统地了解企业生产经营活动情况、财务情况和经营成果，并在此基础上预测和分析未来发展前景，从而发现过去经营活动中存在的问题，找出存在的差异及原因，并提出改进措施；可以通过预算的分解和落实，建立起内部经济责任制，从而做到目标明确、落实责任、考核严格、赏罚分明。要做到这些，没有会计所提供的真实、完整的信息，几乎是不可能的。会计通过真实地反映企业的权益结构，为处理企业与各方面的关系、考核企业管理人员的经营业绩、落实企业内部管理责任奠定了基础，也使会计信息真正成为企业加强经营管理、提高经济效益的基础。

三、财务会计的要素

财务会计作为一个信息生产系统，必然存在相应的会计对象，但是由于会计对象是一个抽象的概念，因此从会计对象到具体的会计信息必须经过一个从抽象到具体的处理步骤。这一具体化的步骤先要将财务会计对象进行初次分类以形成会计要素，会计要素就是会计核算对象的具体化形式，通俗意义上的要素就是财务报表的基本组成部分。各国对会计要素的划分与定义不尽相同。我国则借鉴国际惯例，在《企业会计准则——基本准则》中明确定义了六个会计要素，分别是资产、负债、所有者权益、收入、费用和利润。我国较之国际惯例的规定多了一个利润的要素，尽管利润是收益和费用的综合结果，并不是一个独立的要素，但由于它在我国长期以来一直作为考核的重要指标，在企业管理中具有重要作用，因此我国仍将其设计成一个单独的会计要素。

（一）六大要素

1.资产

资产是指企业过去的交易或者事项形成的、由企业拥有或者控制的、预期会给企业带来经济利益的资源。其中，企业过去的交易或者事项包括购买、生产、建造行为、其他交易或者事项，预期在未来发生的交易或事项不形成资产；由企业拥有或者控制是指企业享有某项资源的所有权，或者虽然不享有某项资源的所有权，但是该资源能被企业所控制；预期会给企业带来经济利益是指直接或间接引起现金及现金等价物流入企业的潜力。资产在符合上述定义的同时必须符合以下两个条件：一是与该资源有关的经济利益很可能流入企业；二是该资源的成本或者价值能够被可靠地计量。

2.负债

负债是指企业过去的交易或事项形成预期会导致经济利益流出企业的现时义务。上述定义中的现时义务是指企业在现行条件下已承担的义务，不包括未来发生的交易或事项形成的义务。同样，符合定义的义务还必须满足以下条件才能确认为负债：与该义务有关的经济利益很可能流出企业；未来流出企业的经济利益的金额能够被可靠地计量。

3.所有者权益

所有者权益是指企业资产扣除负债后由所有者享有的剩余权益。公司的所有者权益被称为"股东权益"。所有者权益包括所有者投入的资本、直接计入所有者权益的利得和损失、留存收益等。其中，直接计入所有者权益的利得和损失是指不应计入当期损益、会引起所有者权益发生增减变动、与所有者投入资本或者向所有者分配利润无关的利得或者损失。

4.收入

收入是指企业在日常活动中形成的、会引起所有者权益增加的、与所有者投入资本无关的经济利益的总流入。根据收入的定义，收入具有以下三个方面的特征。

（1）收入由企业日常活动所形成

日常活动是指企业为完成其经营目标所从事的经常性的活动以及与之相关的活动。例如，工业企业制造并销售产品、商业企业销售商品等。

（2）收入会引起经济利益的流入

收入使企业资产增加或者负债减少，但这种经济利益的流入不包括由所有者投入资本的增加所引起的经济利益流入。

（3）收入最终引起所有者权益增加

因收入所引起的经济利益流入使企业资产增加或者负债减少，最终使得所有者权益增加。

收入按企业从事日常活动的性质不同可分为销售商品收入、提供劳务收入和让渡资产使用权收入；按企业经营业务的主次不同可分为主营业务收入和其他业务收入。

5.费用

费用是指企业在日常活动中发生的、会导致所有者权益减少的、与向所有者分配利润无关的经济利益的总流出。费用确认需满足的条件是经济利益很可能流出，从而导致企业资产减少或者负债增加；同时，经济利益的流出额能够被可靠地计量。

6.利润

利润是指企业在一定会计期间的经营成果。利润包括收入减去费用后的净额、直接计入当期利润的利得和损失等。其中，直接计入当期利润的利得和损失是指应当计入当期损益、会引起所有权发生增减变动的、与所有者投入资本或者向所有者分配利润无关的利得或损失。

（二）财务会计要素的确认与计量

1.财务会计要素的确认

所谓"确认"，是指将某一项目作为一项资产、负债、所有者权益、营业收入、费用或其他要素正式地加以记录并列入财务报表的过程。确认主要解决两方面的问题:一是何时以何种金额并通过何种账户记录;二是何时以何种金额并通过何种要素列入财务报告。

确认时间的选择涉及判断,其中最具代表性的当属收入的确认。同时,确认涉及计量问题,若某一项目符合定义但无法计量,则无从确认。此外,确认还涉及人们对会计信息质量的倚重。例如,当重视会计信息的可靠性时,就会采用收付实现制和权责发生制为确认标准,无论是平时记录还是财务报表上披露的量度都按历史成本来表现。也就是说,必须按一个确定性的时间、金额来确认一项要素。当重视会计信息的相关性时,就有可能撇开实现原则,而确认价格变动的影响,其结果又反过来影响计量基础的选择。

(1)资产的确认条件

将一项资源确认为资产,其先要符合资产的定义。而且除此之外,需要同时满足以下两个条件。

①与该资源有关的经济利益很可能流入企业

根据资产的定义,能够带来经济利益是资产的一个本质特征,但是由于经济环境瞬息万变,与资源有关的经济利益能否流入企业或者流入多少,实际上带有不确定性。因此,资产的确认应当与对经济利益流入的不确定性程度的判断结合起来,如果根据编制财务报表时所取得的证据,与该资源有关的经济利益很可能流入企业,那么就应当将其确认为资产。

②该资源的成本或者价值能够被可靠地计量

可计量性是所有会计要素确认的重要前提,资产的确认也不例外。只有当有关资源的成本或者价值能够被可靠地计量时,资产才能够予以确认。在实务中,企业取得的许多资产都需要付出成本。例如,企业购买或者生产的存货、企业购置的厂房或者设备等,对于这些资产,只有实际发生的成本或者生产成本能够被可靠地计量,才能被视为符合资产确认的可计量条件。在某些情况下,企业取得的资产没有发生实际成本或者发生的实际成本很小。例如,企业持有的某些衍生金融工具形成的资产,对于这些资产,尽管它们没有实际成本或者发生的实际成本很小,但若其公允价值能够被可靠地计量,也被认为符合资产可计量性的确认条件。

(2)负债的确认条件

将一项义务确认为负债,其先应当符合负债的定义。除此之外,需要同时满足以下两个条件。

①与该义务有关的经济利益很可能流出企业

预期会导致经济利益流出企业是负债的一个本质特征,鉴于履行义务所需流出的经济利益带有不确定性,尤其是与推定义务相关的经济利益通常需要依赖大量的估计,因此,负债的确认应当与对经济利益流出的不确定性程度的判断结合起来。如果根据编制财务报表时所取得的证据判断。与现时义务有关的经济利益很可能流出企业，那么就应当将其作为负债予以确认。

②未来流出经济利益的金额能够被可靠地计量

负债的确认也需要符合可计量性的要求，即对未来经济利益流出的金额能够可靠地计量。对于与法定义务有关的经济利益流出金额，通常可以根据合同或者法律规定的金额予以确定。考虑到经济利益的流出一般发生在未来期间，有时未来的期间还很长，在这种情况下，有关金额的计量通常需要考虑货币时间价值等因素的影响。对于与推定义务有关的经济利益流出金额，通常需要较大程度的估计。为此，企业应根据履行相关义务所需支出的最佳估计数进行估计，并综合考虑货币时间价值、风险等因素的影响。

（3）所有者权益的确认条件

由于所有者权益体现的是所有者在企业中的剩余权益，因此所有者权益的确认主要依赖其他会计要素，尤其是资产和负债的确认。所有者权益金额的确定也主要取决于资产和负债的计量。例如，企业接受投资者投入的资产符合企业资产确认条件时，就相应地符合了所有者权益的确认条件；当该资产的价值能够可靠地计量时，所有者权益的金额也就可以确定。

（4）收入的确认条件

财政部修订发布了新的收入准则，收入的确认由原来的"风险报酬转移"转变为"控制权转移"，开启了收入确认的新篇章。原先，我们确认一项交易的收入，需要区分适用的准则是收入还是建造合同，一项交易是销售商品、提供劳务、让渡资产使用权还是建造合同。现在，这些区分统统可以丢掉了。

（5）费用的确认条件

费用的确认除了应当符合定义外，还应当满足以下三个条件：一是与费用相关的经济利益很可能流出企业；二是经济利益流出企业的结果会导致资产减少或者负债增加；三是经济利益的流出额能够被可靠地计量。

（6）利润的确认条件

利润反映的是收入减去费用再加上利得减去损失后的净额。因此，利润的确认主要依赖收入和费用以及利得和损失的确认，其金额的确定主要取决于收入、费用、利得和损失计量。

2.财务会计要素的计量

会计计量是为了将符合确认条件的会计要素登记入账，并列报于财务报表而确定其金额的过程，企业在将符合确认条件的会计要素登记入账并列报于财务报表时，应当按照规定的会计计量属性进行计量，确定其金额。

（1）会计计量属性的构成

计量属性亦称"计量基础"，是指所予计量的某一要素的某方面特性。例如，桌子的长度、楼房的高度、钢筋的重量等。从会计的角度分析，计量属性反映的是会计要素金额的确定基础，它主要包括历史成本、重置成本（现行成本）、可变现净值、现值和公允价值等。

①历史成本

历史成本又称"实际成本"，是取得或制造某项财产物资时所实际支付的现金或其他等价物。在历史成本计量模式下，资产按照购置时支付的现金或者现金等价物的金额，或者按照购置资产时所付出的对价的公允价值计量；负债按照因承担现时义务而实际收到的款项或者资产的金额，或者承担现时义务的合同金额，或者按照日常活动中为偿还负债预期需要支付的现金或者现金等价物的金额计量。

②重置成本

重置成本也称"现行成本"，是指按照当前市场条件，重新取得同样一项资产所需支付的现金或现金等价物金额。在重置成本计量模式下，资产按照现在购买相同或者相似资产所需支付的现金或者现金等价物的金额计量；负债按照现在偿付该项债务所需支付的现金或者现金等价物的金额计量。在实务中，重置成本多应用于盘盈固定资产的计量等。

③可变现净值

可变现净值是指在正常生产经营过程中，预计售价减去进一步加工成本、预计销售费用以及相关税费后的净值。在可变现净值计量模式下，资产按照其正常对外销售所能收到的现金或者现金等价物的金额扣减该资产至完工时估计将要发生的成本、销售费用以及相关税费后的金额计量。可变现净值通常应用于存货资产减值情况下的后续计量。

④现值

现值是对未来现金流量以恰当的折现率进行折现后的价值，是考虑货币时间价值的一种计量属性。在现值计量模式下，资产按照预计从其持续使用和最终处置中所产生的未来净现金流入量的折现金额计量；负债则按照预计期限内需要偿还的未来净现金流出量的折现金额计量。现值通常用于对非流动资产可收回金额和以摊余成本计量的金融资产价值的确定等。例如，在确定固定资产、无形资产等的可收回金额时，通常需要计算预计未来现金流量的现值；对于持有至到期投资等以摊余成本计量的金融资产，通常需要使用实际利率法将这些资产在预期存续期间内的未来现金流量折现，再通过相应的调整确定其摊余成本。

⑤公允价值

公允价值是指市场参与者在计量日发生的有序交易中出售资产所能收到或者转移负债所需支付的价格。其中，有序交易是指在计量日前一段时期内相关资产或负债具有惯常市场活动的交易。清算等被迫交易不属于有序交易。企业以公允价值计量相关资产或负债，应当假定出售资产或者转移负债的有序交易在相关资产或负债的主要市场进行。不存在主要市场的，企业应当假定该交易在相关资产或负债的最有利市场进行。公允价值主要应用于交易性金融资产、可供出售金融资产等的计量。

（2）各种会计计量属性之间的关系

在各种会计要素计量属性中，历史成本通常反映的是资产或者负债过去的价值，而重置成本、可变现净值、现值、公允价值通常反映的是资产或者负债的现时成本或者现时价值，是与历史成本相对应的计量属性。当然，这种关系并非绝对。比如，资产或者负债的历史成本有时就是根据交易时有关资产或者负债的公允价值确定的，而在应用公允价值时，当相关资产或负债不存在活跃市场的报价或者不存在同类或者类似资产的活跃市场报价时，需要采用估值技术来确定相关资产或者负债的公允价值。在这种情况下，公允价值就是以现值为基础确定的。另外，公允价值相对于历史成本而言，具有很强的时间概念。也就是说，当前环境下某项资产或负债的历史成本可能是过去环境下该项资产或负债的公允价值，而当前环境下某项资产或负债的公允价值也许就是未来环境下该项资产或负债的历史成本。

（3）会计计量属性的应用原则

企业在对会计要素进行计量时一般采用历史成本。这主要是由于历史成本具有可验证性，符合会计信息质量的可靠性要求。但是，在某些情况下，如果仅以历史成本作为计量属性，可能难以达到会计信息质量要求，不利于实现财务报告的目标。在这种情况下，企业可以采用其他计量属性。不过，鉴于重置成本、可变现净值、现值、公允价值等其他计量属性往往需要依赖估计，为了使所估计的金额在提高会计信息相关性的同时不影响其可靠性，会计准则要求采用重置成本、可变现净值、现值、公允价值计量的，应当保证所确定的会计要素金额能够取得并可靠计量，否则不允许采用其他计量属性。

四、会计信息质量要求

会计信息质量要求是对企业财务会计报告中所提供的会计信息质量的基本要求，是使财务会计报告提供的会计信息对信息使用者决策有用所应具备的基本特征。会计信息质量要求包括可靠性、相关性、可理解性、可比性、实质重于形式、重要性、谨慎性和及时性。

（一）可靠性

可靠性要求企业应当以实际发生的交易或者事项为依据进行会计确认、计量、记录和报告，如实反映符合确认和计量要求的各项会计要素及其他相关信息，保证会计信息真实可靠、内容完整。企业的会计信息要满足会计信息使用者的决策需要，就必须内容真实、数字准确、资料可靠。如果企业的会计核算不是以实际发生的交易或事项为依据，没有如实反映企业的财务状况、经营成果和现金流量，那么就是不可靠的，极易误导会计信息使用者，会计工作也就失去了意义。

（二）相关性

相关性要求企业提供的会计信息应当与财务会计报告使用者的经济决策需要相关，有助于财务会计报告使用者对企业过去、现在或者未来的情况作出评价或者预测。

会计信息是否有用，是否有价值，在于其是否与会计信息使用者的决策需要相关，是否有助于决策或者提高决策水平。一般认为，具备相关性的会计信息应当在保证及时性的前提下，具备反馈价值和预测价值，即能够有助于信息使用者评价企业过去的决策，证实或者修正有关预测，并根据会计信息预测企业未来的财务状况、经营成果和现金流量。通常，我国企业的会计信息必须满足三个方面的需要：一是符合国家宏观经济管理的要求；二是满足有关各方面了解企业财务状况和经营成果的需要；三是满足企业内部加强经营管理的需要。

会计信息的相关性应以可靠性为基础，应在可靠性的前提下尽可能做到相关性，不能把两者对立起来。

（三）可理解性

可理解性要求企业的会计信息应当清晰明了，便于财务会计报告使用者理解和使用。可理解性要求会计记录和财务会计报告必须清晰明了、简明扼要，数据记录和文字说明能一目了然地反映经营活动的来龙去脉。可理解性要求的前提是信息使用者必须具备一定的与企业经营活动相关的会计知识，并愿意付出努力去研究这些信息。

（四）可比性

可比性要求企业提供的会计信息应当具有可比性，具体包括下列要求。

1.同一企业不同时期可比（纵向可比）

同一企业不同时期发生的相同或相似的交易或事项应当采用一致的会计政策，不得随意变更。但是，当企业按照规定或会计政策变更后可以提供更可靠、更相关的会计信息时，就有必要变更会计政策，以便向财务会计报告使用者提供更为有用的信息，同时，有关会计政策变更的情况应当在附注中予以说明。

2.不同企业相同会计期间可比（横向可比）

不同企业相同会计期间发生的相同或相似的交易或事项应当采用规定的会计政策，确保会计信息口径一致、相互可比。对于相同或相似的交易或事项，不同企业应当采用一致的会计政策，以使不同企业按照一致的确认、计量和报告基础提供有关会计信息，便于企业之间财务信息的对比分析。

（五）实质重于形式

实质是指经济实质，形式是指法律形式。实质重于形式要求企业按照交易或事项的经济实质进行会计确认、计量和报告，不应仅以交易或事项的法律形式为依据。如果企业仅以交易或事项的法律形式为依据进行会计确认、计量和报告，那么就容易导致会计信息失真，无法如实反映经济现实和实际情况。

在多数情况下，企业发生的交易或事项的经济实质和法律形式是一致的，但有些时候也会出现不一致。例如，企业以融资租赁方式租入的固定资产，从法律形式上看，企业并不拥有其所有权，但是由于租赁合同中规定的租赁期较长，接近该资产的使用寿命，租赁期结束时承租方有优先购买该资产的选择权，在租赁期内承租方有权支配该资产并从中取得收益。从其经济实质看，承租方能够控制融资租入规定资产所创造的未来经济利益，所以承租方依据"实质重于形式"的要求将融资租入的固定资产确认为本企业资产，并反映在资产负债表中。

（六）重要性

如果企业会计信息的省略或错报会影响使用者据此作出经济决策，那么该信息就具有重要性。

重要性要求企业在会计核算过程中对重要的经济业务或事项重点核算，充分披露，而对不重要的经济业务或事项进行简化、合并反映。也就是说，在符合全面性要求的前提下，企业会计核算要有所侧重。

重要性的应用需要依赖职业判断，企业应当根据所处环境和实际情况，从项目的性质和金额两方面来判断其重要性。从项目性质看，当某一项交易或事项会影响使用者据以作出决策时，该交易或事项就具有重要性；从项目金额看，当某一项交易或事项的金额达到一定规模时，该交易或事项就具有重要性。

（七）谨慎性

谨慎性要求企业在面临不确定性因素的情况下作出职业判断时应当保持应有的谨慎，充分估计各种风险和损失，既不高估资产或收益，又不低估负债或费用。例如，企业计提相关资产的减值准备就体现了谨慎性的要求。

但是,谨慎性的应用并不允许企业设置秘密准备。如果企业故意低估资产或者收益,或者故意高估负债或者费用,就不符合会计信息的可靠性和相关性要求,不仅会损害会计信息质量,还可能扭曲企业实际的财务状况和经营成果,从而对使用者的决策产生误导。

(八)及时性

及时性要求企业对已经发生的交易或事项及时进行确认、计量和报告,不得提前或者延后。及时性主要包括以下三方面要求。

1.及时收集会计信息

在有关交易或事项发生时,及时收集和整理有关原始单据或凭证。

2.及时处理会计信息

要按企业会计准则的规定,及时对有关交易或事项进行确认、计量,及时编制财务会计报告。

3.及时传递会计信息

要按照国家规定的有关时限,及时将编制的财务会计报告传递给财务会计报告使用者,以便于其及时使用和决策。

第二节 财务会计的职能和特点

一、财务会计的职能

(一)核算职能

财务核算工作需要适应生产规模的发展,需要科学有效地管理事业部,需要及时地服务决策,提高企业的竞争能力。财务会计管理水平应当与公司的发展阶段匹配,无论财务会计管理水平相对于发展阶段是超前还是滞后,都会制约公司的发展。具体而言,财务机构的职能、财务机构和岗位的设置、相应的财务和会计基础管理制度应根据公司发展进行调整和优化。财务预算体系是企业日常经营运作的重要工具,是企业管理支持流程之一。与其他管理支持流程相互作用,共同支持企业的业务流程营销管理、计划管理、采购与生产管理、库存管理。通过实施全面预算管理可以明确并量化公司的经营目标、规范企业的管理控制、落实各责任中心的责任、明确各级责权、明确考核依据,为企业的成功提供保证。具体而言,公司财务核算工作需要适应企业生产规模的发展,并通过对管理需求的分

析形成完整的财务核算体系。

另外，企业的高级管理人员直接得到一手信息的机会很少，必须通过报告系统得到经过整理、分析的信息。而企业的报表分为对外报送的以核算信息为主的财务报表和报送管理层的以经营管理信息为主的管理报表。在很多情况下，企业将两者等同依靠核算口径的财务报表获取管理信息。虽然有管理口径的报表，但是过多信息以控制为主，没有融入非财务的信息，而且管理报表的结构、信息归集的口径、报送的频率等与管理决策的要求相去甚远，因而不能有效支持决策。

（二）监督职能

财务监督是指运用单一或系统的财务指标对企业的生产经营活动或业务活动进行观察、判断、建议和督促。它通常具有较明确的目的性，能督促企业各方面的活动合乎程序与要求，促进企业各项活动的合法化和管理行为的科学化。它是公共组织财务会计管理工作的重要组成部分，也是国家财政监督的基础，对规范公共组织的财务活动、严格财务制度及财经纪律、改善公共组织财务会计管理工作、保证收支预算的实现具有重要意义。

要通过监督审查公共组织财务活动对该单位的财务收支及经营管理活动进行监督和鉴证，揭发不经济的行为，依法追究有关责任人的责任，提请给予行政处分或刑事处罚，从而纠错揭弊，保证党和国家法律、法规、方针、政策、计划及预算的贯彻执行，维护财经纪律和各项规章制度，保证公共组织的财务报告及其他核算资料的正确可靠，保护国家财产的安全和完整，维护社会主义经济秩序，遵守社会主义法制。要通过财务监督揭示公共组织在财务活动、财务会计管理工作中存在的问题、不足，以及财务会计管理制度方面存在的薄弱环节，并有针对性地提出改进建议和补救措施，从而改善财务会计管理工作，提高财务工作质量。要通过全面分析财务活动及时掌握各公共组织人力、财力、物力等各种资源的使用情况，督促各公共组织加强和改进对人力、财力、物力的管理，深入挖掘内部潜力，增收节支，用有限的资金创造更多的社会效益和经济效益。

（三）预测职能

随着社会经济的发展和经济管理的现代化，会计的职能也相应地发生了变化，一些新的职能不断出现。一般认为，除了会计核算、监督两个基本职能之外，还有分析经济情况、预测经济前景、参与经济决策等各种职能控制。其中，会计核算不仅包括对经济活动的事后核算，还包括事前核算和事中核算。事前核算的主要形式是进行经济预测，参与决策；事中核算的主要形式则是在计划执行过程中通过核算和监督相结合的方法对经济活动进行控制，使之按计划和预定的目标进行。国家历来对会计工作相当重视，要求每一个作为企业家的厂长、经理，除懂得学好必需的经济理论外，还需要具备一些财务会计方面的知识，即各项财务制度、经济法律、商品的流转、核算，通晓资金、费用、利润情况、企业计划、预算、统计知识，运用计划、统计的数据分析内部、外部情况，进行组织指挥工作。因此，一个标准的企业家，既要具备生产知识，又要懂得财务知识，有经济头脑，熟悉本企业的成本、资金利润等经济指标，随时掌握产、供、销各个环节的活动，这样才能在经营工作中抓住主要矛盾，解决关键问题，开拓新路子，取得新成绩。

计划应以科学预测为基础，通过预测来反映企业经过努力在未来可能达到的收入、成本和利润水平。未来的科学技术发展、管理水平提高以及市场供求关系变动都会影响预测的结果。因此，随着市场经济的发展，管理会计人员不能仅注重企业内部，还应面向市场，注重市场信息的收集、处理与分析，使预测的结果更为科学合理，接近实际。科学预测的结果只能反映经过努力可能达到的水平而非反映应当达到的水平，所以不能根据预测的结果直接确定目标。计划过程一般由两部分构成：一是在量本利分析的基础上，通过努力应当达到的销售水平和成本费用水平，所进行的总体计划或定期计划；二是根据所预测的执行不同行动方案的经济效益进行最优选择，即个别项目的计划。综合这两部分工作，就可以科学地确定目标和具体措施。一般情况下，会计可以用实际数量与计划数量进行对比，以此评估经济计划的完成情况，并分析本财年和上财年之间或者和同行业先进水平之间的差距，找出不足并研究导致其产生的原因，以扬长避短。对企业经济效益的正确评价必须依靠会计职能中的分析职能，运用足够的会计核算数据、综合各方面的情况来计算企业的经济效益指标，再通过研究来制定可行性方案标准，正确评估、测算企业已经取得的经济效益并进一步理解其利弊条件，在接下来的经营活动中逐步避免旧问题的出现，防止新问题的产生，以不断提高经济效益水平，摒弃落后管理方式，不断完善相关市场机制，促进企业经济的平稳健康发展。

（四）决策职能

在社会主义市场经济体系不断发展完善的背景下，企业自身必须作出相应变革，以适应现实的社会经济条件。也就是说，企业必须通过科学的经济预测来作出正确的决策，推出一系列真正具有市场竞争力的产品。企业会计的工作接触面较广，因而能够综合各方面的具体情况，反映出经济活动的全过程。与此同时，会计在以实际工作中获得的经济数据，结合统计资料以及生产计划等指标的基础上，对企业运营的经济环境进行细致科学的剖析，能够帮助企业制定适合自身真实发展状况的决策，从而取得更好的经济效益。总而言之，经济效益的提高与会计的工作是紧密联系、不可分离的，只有充分发挥会计职能，不断提高会计监管力度，才能促进企业经济效益的提高。

（五）评价职能

企业绩效评价是指运用数理统计和运筹学原理、特定指标体系，对照统一的标准，按照一定的程序，通过定量定性对比分析对企业一定经营期间的经营效益和经营者业绩作出客观、公正和准确的综合评判。企业绩效评价的基本特征是以企业法人作为具体评价对象，评价内容重点在盈利能力、资产质量、债务风险和经营增长等方面，以能够准确反映上述内容的各项定量和定性指标为主要评价依据，并将各项指标与同行业和规模以上的平均水平对比，以期求得对某一企业公正、客观的评价结果。

我国当前实施的企业绩效评价实质上是按照市场经济要求实行的一项企业监管制度。随着社会主义市场经济的发展，政府管理经济的方式也正在朝着运用市场经济原则间接管理的方向转变。推进国有企业绩效评价和国有资产保值增值的考核已成为我国经济体制改革的当务之急。目前，各级政府部门正逐步把开展企业绩效评价作为国有企业监管的一项基础性工作来抓，并要求国有大型企业集团结合集团内部管理的要求开展对子公司的评价工作，以加强企业集团内部的监督管理，提高经营管理水平。企业绩效评价结果由财政部每年定期公布。绩效评价结果与经营者年薪制、股票期权等收入分配方式改革试点工作也正在逐渐结合，成为国企管理人员业绩考评的重要依据。从现实情况看，中介机构逐步参与的企业绩效评价主要是国家对重点国有企业集团经营效益、经营者业绩的考评，以及国有企业集团自身对其所属子公司经营效益、经营者业绩的考评。

二、财务会计的特点

任何事物的特点总是相比较而存在的。财务会计的特点是同管理会计、传统会计相比较才显示出来的。所谓"传统会计"，是指在现代企业会计发展成为财务会计和管理会计之前的企业会计。在时间上是指20世纪30年代末出现公认会计原则以前。总体来看，财务会计是传统会计模式的主要继承者，但又有发展。具体如下。

（一）继承了传统会计模式中的主要会计程序

传统会计长期形成并行之有效的概念、惯例和会计处理过程堪称现代会计的精华，大部分由财务会计继承了下来。例如：

①会计确认以权责发生制为基础，收入的确认必须实现；
②会计计量主要遵循历史成本原则；
③会计记录运用复式记账法；
④会计报告把资产负债表和损益表作为最基本的报表；
⑤会计处理的每一个环节都考虑谨慎原则和稳健惯例。

（二）在继承的基础上有所发展

1.同传统会计相比较，财务会计有它的侧重点

财务会计也是由确认、计量、记录和报告四个环节组成，但其核心环节是报告。对外报告是财务会计的目的。在财务会计之中，记录只是为报告准备数据，只有把它列入财务报告（主要指财务报表），才是最有用的信息。确认和计量也是如此。日常确认和计量都属于初始确认和计量，在财务报表中的确认和计量才是最终的、可信的。很明显，财务会计以对外报告为重点，是财务会计和管理会计分离的结果。在此之后，对内部有用的信息的提供应由管理会计承担。

2.财务会计是对传统会计的继承和发展

（1）确认方面

①财务会计的确认以权责发生制为主，也运用了收付实现制。一方面，考虑到现金具有较强的流动性，及时反映和监督现金的动态是会计的一项任务。当交易或事项发生时，凡是涉及现金，不论其影响到企业权责的后果如何，都要先记录（按收付实现制）而后调整（按权责发生制）。因此，在日常的会计处理之中，两种确认基础缺一不可。另一方面，联系基本的财务报表，资产负债表和损益表以权责发生制为基础，而现金流量表以收付实现制为基础。这说明财务会计不能采用单一的确认基础。

②财务会计仍坚持实现原则，但将已实现扩展为可实现。前者限于已收取现金或其等价物，后者则扩大到可收取现金或其等价物的权利，只要这种权利的金额是确定的，收回就是有保证的。

③当前的财务会计概念框架已总结出财务报表中每一个要素都适用的基本标准。这样，确认就由一个抽象的会计术语被提升为一个能指导会计实务、具有可操作性的会计概念。

（2）计量方面

①财务会计已经不再强调历史成本是唯一的计量基础。会计实务界出现的多种计量属性并用的局面已被理论界认可。

②除历史成本外，现行成本、市场价格、可实现净值、公允价值都可以用来计量，但条件是既要符合相关性，又要有可靠性，确保能够被可靠地计量。

（3）记录方面

记录的原理没有多大变化，仍是运用复式记账原理。但是，记录的技术产生了质的飞跃。在财务会计中，记录和报告，特别是记录，已经实现了计算机化。虽然由于各国各地区经济发达和科技发展程度不同，会计的电算化程度也不同，但是用计算机代替手工记账已是大势所趋。

（4）报告方面

由于财务会计侧重报告，因此在报告方面，改革和变化的力度更大。

①在传统会计中，报告的唯一手段是会计报表；在财务会计中，会计报表只保留其中的财务报表（成本报表除外）。可见，财务报表仍是报告的主要手段，但在财务报表之外，增加了"财务报告的其他手段"（简称"其他财务报告"）。在财务报表部分，主要分为财务报表（指表内）、财务报表附注和补充资料等部分。

②在财务报告的各个组成部分之中，确认和计量有着不同的要求，并有着不同的概念。比如，财务报告所传递的全部信息都可称为"披露"，财务报表披露的全部信息称为"表述"，而表内表述的信息被赋予一个专门的术语——"确认"。表内确认需要遵循确认的基本标准并符合一般公认会计原则（GAAP），必须同时用文字和数字（金额）进行描述。文字指的是应归入的报表要素及所属项目，"金额"则是应加入报表的有关合计与总计。因此，确认是严格规范化和专业性的会计表述方式。确认的信息应当最为有用（既相关又可靠）。表外附注不属于确认，但也要求符合公认会计原则。附注表述既可以用文字表述，又可以只用数字描述，或两者兼用。它的任务是使表内的信息更容易理解。表外附注可以补充表内确认之不足，但不能用来纠正表内的错误。对于使用者和独立审计人员而言，财务报表的表内部分和附注是一个整体，不可分割，两者同是审计的对象。补充资料是指由公认会计原则所要求的，既不在表内又不在附注中补充的披露。

对于财务报表来说，财务会计的发展主要表现在以下两个方面。

第一，制定了财务会计（报表或报告）的概念框架。

第二，制定了具有权威性的、用于规范财务报表的（也包括财务会计处理程序）GAAP或企业会计准则。甚至可以说，GAAP的出现标志着传统会计向财务会计转化，而遵守GAAP与否是财务会计和管理会计相互区别的重要标志。

第三节　财务会计的发展趋势和发展策略

一、财务会计的发展趋势

（一）专业化趋势

财务会计工作主要是对财务会计信息进行分类、记录、计量、计算和报告。在这个过程中，必须保证财务会计信息的准确性、及时性，财务会计系统的运行过程必须与经济运行主体的全过程相适应。要满足这个要求，财务会计人员必须是高智能复合型人才，同时具备科技、管理知识以及创新思维，熟悉企业业务流程、产品生产工艺。

企业的业务往来都会有相应的会计信息产生，每一笔业务对应着一个会计信息。财会人员必须准确、及时地记录这些会计信息，并对其进行全面的数据分析整理，最终为企业管理者和投资者提供简单、明了、全面的企业财务报告，让管理者和投资者全面掌握企业的财务状况，为他们的决策和投资提供可靠的依据。这就要求财务人员必须具备较强的分析能力，能够通过对各种财务会计信息的分析，让管理者找到提高企业利润的方法、投资的正确方向以及最佳的营销策略。当代社会经济发展迅速，诚信在社会生活中变得越来越重要。但是，我国部分会计人员仍存在不守信的现象，会计职业素质较低，职业道德经不起金钱的诱惑。为此，必须建立规范的财务会计职业道德体系，大力开展会计职业道德教育，提高会计职业道德素质。

（二）多元化趋势

从国内实际情况看，会计师事务所是我国最主要的会计服务机构。会计师事务所作为专业服务机构，其通常为会计单位提供包括审计、资产评估、管理咨询、造价咨询、税务代理等诸多内容在内的服务。其中，审计业务在会计师事务所业务中占比超过八成，并主要以年度会计报表审计和上市公司审计为工作内容。

多元化的会计信息系统构建是一种比较理想的模型，在具体的设计和应用中仍有种种问题需要解决。考虑到很多的数据库基本元素独立性、共享性、多维性不足，其将会计事项和数据库技术进行结合仍有一定的问题。同一项会计数据要满足不同利益相关者的需求，就需要结合不同的会计政策进行处理，这就必然要求这些会计理论可以和数据库进行结合，只是在具体的实践中仍有可能出现差错。

（三）信息化趋势

信息时代的到来对社会经济的方方面面包括会计在内必将产生巨大的冲击，并对传统会计模型提出新的挑战。现代信息技术对传统会计模型的冲击主要表现在会计的存在和发展方面，除了受社会经济环境的影响外，主要还受信息技术的制约。从理论上讲，会计模型中的所有规则都应当与其所存在的客观社会经济环境相适应，但所有这些规则的建立都不能超越其在信息技术上实现的可能性。手工会计技术在传统会计模型中的地位仅是记账、算账的工具，如果把现代会计信息技术仅当作自动化，而不对传统的会计模型进行重建，那就如同当企业面临困难时，只要购买一些电子计算机，所有的问题就会迎刃而解。现代信息技术的发展引发全球性的信息化浪潮，社会信息化已成为时代的主旋律。然而，企业信息化是社会信息化的基础，会计信息化又是企业信息化的核心，因而加快会计信息化的发展必将成为下一阶段我国信息化建设的重要任务。

　　大数据时代为财务信息化提供了数据支持和技术环境，在此基础上，现代化的企业要抓住机会，注重信息化建设。首先，企业要投入大量的资金来建设信息化平台。好的平台便于信息的查询与分析。其次，信息化建设需要专业性、综合性的人才，会计从业人员要不断提升自身修养，与时俱进，在掌握财务知识和技能的同时，了解计算机和网络技术，从纷繁的数据中提取对决策有利的信息。最后，要学会借助新工具。要想从海量的数据中获取更多有价值的东西，云计算、数据挖掘技术等是我们必须利用的工具，这样才能确保数据的准确性。

（四）管理化趋势

　　在国内经济快速发展的背景下，企业的发展也需要紧跟社会的节奏。传统形式下的财务会计已经不能满足数据时代的发展需求，因而将企业财务转型为管理会计成为必然。管理型会计不仅可以分析和预测数据，而且可以有效预防投资风险，从而实现降低企业运行成本的目的。

　　现阶段，我国会计人员的评价体系仅限于财务会计。要想实现会计的主要作用，必须加强运行和管理，针对管理会计的作用，我们要根据企业是否能够满足现在的运作与管理作出判定。

二、财务会计的发展策略

（一）加强财务监督职能

　　企业会计监督是企业财务会计管理的重要内容，良好的企业财务会计管理有利于保证企业财务平稳运行，也有利于规避企业财务风险，积蓄企业发展潜力，让企业发展永葆活力。因此，企业会计监督对企业内部管理具有十分重要的现实意义，不断提高企业内部管理水平，加强企业会计监督是企业发展的必经之路。完善的管理来源于健全的制度，要实现企业内部的有序管理，必须健全企业管理制度，照章执行，有法可依。

　　在我国，很多企业只会在年末对企业现金进行盘点，由企业出纳人员盘点现金的实际存储数额，会计复核后和总账里的数额进行对比，检查两者是否一致，然后填写现金盘点表。但是，一些企业内部的会计人员责任心不强，往往在企业现金盘点中对发现的问题选择不上报，甚至弄虚作假，企图蒙混过关。这就需要企业加强对企业财务会计人员的监督检查，提高财务会计人员的责任心，更重要的是及时发现问题，把企业的损失降到最小。此外，企业还要注重银行的日记账以及银行对账单的核对，对未达账项的真实性进行检查。在银行存款业务方面，企业应该安排工作人员每个月月底和银行方面进行核对。如果发现有差错，必须及时查明原因，尽快解决。

（二）结合现代先进手段

随着我国社会主义市场经济的不断发展，企业的经营活动日益增多，企业面临的市场环境也在不断变化，因此企业需要处理的财务会计信息量也在不断增加，给企业财务会计管理带来了极大的挑战。企业要想保证会计信息的真实、准确、可靠、及时，就必须改变传统的信息处理方式，对企业财务会计管理手段进行现代化改造，更多地利用计算机技术和各种网络技术处理会计信息，这样不仅可以提高信息处理的质量和速度，还可以使企业财务会计信息迅速及时地转达给企业管理层，为企业管理者进行决策提供科学依据。

企业财务会计顺应信息化时代将有利于企业在高速发展的时代站稳脚跟，也有利于企业改善其经营管理模式，提高经济效益。信息化的财务会计工作将帮助企业相关管理者进行科学决策，同时增加上级领导决策的科学性与合理性。对于财务会计从业人员来说，财务会计顺应大时代数据而以提高财务会计工作者的工作效率与质量，可以更方便地进行各项财务会计的管理工作，为企业带来更高的经济效益。信息技术在财务会计中的运用还可以加强企业对财政资金的管理，提高资金使用效率，保证企业财政资金运行的安全性。

（三）培养优质专业人才

随着社会信息时代的迅速发展，各企业对人才质量以及数量的需求都有所提升。为了更好地解决企业财会管理问题，企业一定要从根本原因（人力资源因素）着手，构建一个综合素质极高的财会管理团队，这会对企业财会信息真实性的提升起到一定的促进作用。企业要加大培训财会人员业务的力度，聘请一些具有专业资质的财会培训机构，并将目前较为先进的财会方法与财会理念传授给财会部门，通过这种方式提升财务会计人员的业务水平。企业还应建立完善的考核机制，等到员工培训结束后，通过考核企业财务人员的学习成果的方式来强化员工对培训知识的记忆。与此同时，财务会计员工要不断总结汇报学习成果，将理论知识更好地渗透到实际的财会工作中，实现普通会计专业职能质的飞跃。

当今社会，提升业务人员的素质先要培养其职业道德。针对企业的财务会计部门，要从德育教育的角度出发，使财务会计人员充分意识到自身职能的重要价值，在工作时具有一种神圣的使命感，杜绝财会部门中尾大不掉的低效与慵懒现象的发生。目前，在各事业单位中，德育工作已经得到了全方位的深化，企业单位也正如火如荼地完善和发展自身的管理体系。为此，企业单位要效仿事业单位，对会计人员采取定期的道德教育考核和培养，杜绝形式化考核，有效培养财会人员的职责意识。

（四）明确财务会计目标

在新的模式下运行的企业在自身的发展中有着各种各样的运行模式，其中，目标管理的多元化是财务会计管理当中的一种现代体制，它的主要目标就是实现整个企业利益的最大化。这是因为在企业的发展过程中会出现各种各样的问题，我们要学会应对这种问题的出现，并且及时地解决问题，如此才能够让企业在平稳的发展中慢慢成长。尤其是随着新科技手段的运行和发展，客户的目标流程和期望利益也有了很大程度的转变，因此我们必须对企业公司内的财务会计管理的目标加以界定，详细规划其工作任务和工作内容以及应当负责的方向。

总之，我们要认清整个社会的发展方向，把握时代发展的脉络，如此才能抢占先机。我们也要清醒地认识到，现在的社会已经不是过去的那个只要出卖劳动力就能够换取社会地位和养家糊口的资金的社会了，现在的大时代方向是知识就是最大的生产力，知识结构、知识能力的掌握已经占据整个社会的主导地位。并且，知识作为最大的竞争能力具有可移动性与创造性，这种出色的创造能力让整个社会与企业人才之间的联系变得更加紧密且深入。判定一个企业的成功或者失败，主要看这个企业中的人才流动链和资金供应链，因此，在对知识结构的构建和管理上，企业不仅不能够放松警惕，还要引起重视。

第二章 财务会计管理体制与财务管理模式

第一节 新时代下的企业财务会计管理体制

一、从经济环境看财务会计的目标

财务会计目标指的是财务会计所要达到的预期目的，这也是构成会计理论的基础，在经济环境下制定财务会计理论结构，就一定要确立准确的财务会计目标。财务会计目标为企业财务会计的发展指明了正确的道路和方向，它的实现需要会计各规范制度的大力支持。财务会计目标是灵活变动的，它的制定是根据我国的经济状况、财务会计学的发展和市场环境的变化而变化的，一般在短期内不会发生太大的变动。在新时期下，对于我国的财务会计目标来说，我们一定要多引进国外一些比较先进的财务会计经验，并结合我国的实际情况，制定出适合自己发展的财务会计目标。但是这种目标的制定一定要切合实际，绝不能盲目地制定过高的财务会计目标，否则无法实现；也不能制定较低的目标，这样极易导致财务会计的职能得不到有效发挥，针对现阶段的财务会计目标我们更应该立足于自身的国情，走适合自己发展的道路。

（一）财务会计目标的基本内涵及发展

1.财务会计目标的基本内涵

财务会计目标是指财务会计所要达到的目的，这是一种抽象化的概念，它是财务会计理论构建的前提与基础，并为财务会计未来的发展指明了正确的方向。财务会计目标的制定要服务于整个会计行业，它是联结会计理论与会计实践的桥梁，只有确定了目标，会计行业才会不断取得进步。在新时期下，财务会计目标的确定尤为困难，因为目前的经济环境比较复杂，不确定性因素增多，财务会计目标也是一直处于不断变化之中。财务会计目标的实现需要一个漫长的过程，它需要在会计理论思想的指导下，通过不断实践来完成，同时还要兼顾内外协调一致的原则，也就是说将财务会计内部的环境与财务市场外部的环境积极协调起来。财务会计目标主要包括两个方面的内容——财务会计所提供信息的对象和提供什么样的信息，前者所注重的是财务会计的目标，而后者侧重于财务会计信息的质量。一般情况下，我们以经济、实用、稳定这几个特点来衡量财务会计目标的优越性。经济性主要指的是目标的实施一定要以降低成本为目的，同时还要考虑到财务会计目标实施的经济效益。财务会计目标的实用性指的是财务目标的制定和实施都要以满足财务会计的发展为目的，还要兼顾财务会计的实际情况，建立比较完整的财务会计体系。财务会计目标的稳定性要求财务会计目标的实施具有稳定的特点，不会经常变动。

2.财务会计目标的发展史

财务会计目标已经经历了相当长的发展时期，它的出现起源于12世纪的欧洲沿海商业城市，当时正是资本主义萌芽时期，这种财务会计的产生主要是为了满足商业城市交易的需要，并提供一定的市场行情信息。随着经济的不断进步与发展，财务会计市场需求比原来都大了很多，传统的财务会计已经远远不能胜任产业革命的需要，这时财务会计目标进入了第二个发展时期也就是产业革命时期。这个时期所形成的财务会计目标比传统的会计目标更为明确，并建立了独立的财务目标体系，在企业的经营状况和债务累计方面都相对完善，同时财务会计还可以将财务市场的最新消息及时传递给企业，以便企业制定准确的对策。我国自从改革开放之后，经济出现了飞速的发展，金融市场也取得了巨大的进步，财务会计工作已经变得越来越重要了，尤其是在证券市场应用得最为广泛。

（二）经济环境下财务会计目标所应该考虑的因素

1.特定的会计环境

财务会计目标的实施需要一定的会计环境，它依赖于会计环境，同时还制约于会计环境，环境的变化势必会导致财务会计目标的变化，所以财务会计目标的制定需要充分考虑各种环境因素。特定的会计环境一般指的是一些跟会计产生、发展有着紧密联系的环境，同时还要根据企业内部和外部特定的经营状况。尤其是在现代的市场经济条件下，很多资本市场交易的完成往往不需要交易双方当面来完成，这就使财务会计工作比以前变得更为棘手，它不再是单纯的统计财务报表那么简单，还要综合考虑经营者的经营状况，并作出适当的投资决策。

2.经济因素

经济因素是制约财务会计发展的关键因素，经济因素主要包括国家的经济发展状况和发展水平以及经济组织等方面。在社会主义经济体制下，我国的财务会计目标定位主要是满足社会主义市场经济的发展要求，同时在维护社会稳定和国家安全方面也具有重要的作用。经济因素是制约财务目标发展的最重要因素，因为只有通过复杂的经济活动才会促进财务会计的进步与发展，同时财务会计的发展又可以带动经济的发展。在社会主义市场经济体制下，财务会计可以为企业经营者提供有效的决策，保证投资双方的合法权益和利益。

3.财务会计的客观功能

财务会计本身的职能是将已经发生的企业经营活动完整记录下来，加工成比较全面的财务信息，并将这种信息及时反馈给企业的高层管理部门，以便他们制定出合理的经营决策。财务会计的监督管理功能主要是对财务会计活动的信息进行控制组合，以便企业的经营活动都能按照实现设计的计划进行。财务会计的客观功能是一种全面的、复杂的功能体系，它在会计信息系统中具有重要的地位，对于完善监督管理体制有很大的帮助，信息使用者只有正确理解与运用这些信息，才会达到财务会计的预期目标。

（三）经济环境下财务会计目标构建的原则

财务会计目标的构建需要充分根据我国市场经济发展的环境，同时还要合理掌握会计市场的运行规律，在满足信息使用者的基本前提下，制定合理的财务会计目标。要根据财务会计目标的发展规律，考虑财务会计目标实施的可行性与可靠性，提高财务会计目标制定的整体质量，如果发现问题一定要及时处理，并制定新的会计目标。随着经济全球化趋势的不断深入，财务会计取得了飞速的发展，但是我国的财务会计创新力度还远远不够，跟其他发达国家的财务会计制度相比还存在一定的差距。针对这种情况，我们应该加强与国际会计之间的交流与合作，结合自身的实际情况，制定合理的财务会计目标。

经济环境下的财务会计目标制定一定要权衡利弊，综合考虑各种市场因素，还要根据国家的宏观调控政策，保护投资双方的利益。经济时代在促进财务会计目标发展的同时，也带来了更为严峻的挑战，我们只有抓住这一机会，迎接挑战，才能保证财务会计目标的顺利实现。

二、知识经济时代对财务人员的素质要求

（一）新时期对财务人员的要求

进入21世纪，中国正以更广阔的视野、更加博大的胸襟和更加开放的姿态，大踏步地融入世界经济发展的大潮。在这个时期人类社会已由工业经济时代过渡到知识经济时代，这种变化将给人们生活方式、思维方式、工作方式及经济发展方式带来剧烈而深刻的变革。在这场变革中财务人员只有及时地提高自身的素质，才能适应知识经济时代的要求。一名合格的财会人员，应该具备以下素质要求。

1.通晓专业理论

在知识经济时代，最大的挑战莫过于对人的能力的挑战，而人的能力又主要取决于人的知识及知识转化为能力的程度。要想成为知识经济时代的一名合格的财会人员。必须有相关的知识作为基础。

（1）熟悉会计基本理论

一名出色的财会人员必须具有一定的会计理论基础和娴熟的会计实务技能。会计基本理论主要是研究会计学的质的规定性，它主要由两部分构成：一是会计学和会计工作中一些基本概念，如资产、负债、所有者权益、收入、收益、费用、资金、营运资金、会计报表、合并报表等；二是会计工作质的规定性，如会计本质、会计属性、会计职能、会计对象、会计地位、会计任务等。这些是基础性的理论问题，构成整个会计理论体系的基石。财会工作者在实际工作中必须努力学习这些理论，力争熟悉这些理论，才能从较高的视角上把握工作的运行规律，提高财务分析能力，为领导决策提供有价值的建议。

（2）掌握会计应用理论

在熟悉会计基本理论的同时，还应掌握会计应用理论。会计应用理论是研究会计工作量的规定性，它主要研究会计工作的运行规则及完善问题，对会计实务有着直接的影响和指导作用。包括财务通则、财务制度、会计准则、会计制度。会计应用理论是会计基本理论的具体化，是联系会计基本理论与会计实践的桥梁和纽带。会计应用理论是与会计实务联系最密切、关系最直接、应用最强的理论，而且包含许多政策性规定，对此，财务人员必须达到准确掌握和运用的程度。

2.擅长计算机操作

计算机是知识经济的核心和支撑点，互联网是知识经济的高速公路，它们是知识经济的重要工具和载体，目前已大面积地渗透于各个经济领域和管理部门。因此，要求每个会计人员不仅要具备会计专业知识，还必须熟练地掌握计算机在会计核算、资金预测等工作中的运用。由于计算机的使用和网络的发展，使得数据的取得更加全面快捷，计算更为精确。会计工作既是一种生成信息、供应信息的工作，也是一种利用信息参与管理的工作。知识经济时代，企业管理的信息化也对财会人员的素质有了更高的要求。财会人员首先要在思想上树立创新精神，并利用一切先进的技术，掌握全方位的信息，不断完善自己的知识结构。使用财务软件是我国企业信息化的起步，企业要想规范内部流程和完善内部控制，只能从理顺企业财务入手，因此，高素质的财务人员必须具有丰富的科学交叉知识，既要精通财务又要懂得管理，还要熟悉高新技术在财会工作中的运用。

3.能够运用外语交流

据有关权威机构统计，互联网信息中大多数是以英文形式发布，常见的网页设计及程序也都以英文为基础。英语作为语言体系中的支撑语言在日新月异的网络时代，起着举足轻重的作用，在会计信息实行电算化管理的今天，一名合格的财务人员如果在英语方面有所欠缺，何谈能够娴熟掌握计算机操作知识，何谈对财务软件的常规使用和简单维护，何谈计算机在财务工作中的中枢工具作用。

4.良好的职业道德

财会人员职业道德就是财会人员在会计事务中，需要正确处理的人与人之间经济关系的行为规范总和，即财会人员从事会计工作应遵循的道德标准。它体现了会计工作的特点和会计职业责任的要求，既是会计工作要遵守的行为规范和行为准则，也是衡量一个财会人员工作好坏的标准。

随着社会经济的发展，随着财务人员从业人数的增加，企业财会人员的质量成为企业管理层关注的重点问题。财务管理工作，作为企业生产经营过程中相对基础的工作，需要财会人员在与企业其他经济部门的合作下，对企业生产经营过程中发生的经济业务，进行全面处理与分析工作。从而在确保企业财务管理不存在管理漏洞的基础之上，有效地对企业财务会计工作进行管理与发展。企业财会人员应具备的专业素质，要求财会人员在工作中必须具备处理财务问题的一定的基本能力以及专业能力。并且能够根据企业经济业务发展的需要，随时学习专业的知识理论，在专业知识以及相关财会法规的指导下，顺利地进行企业财务管理的工作。

（二）在财务管理中提高财务人员素质的必要性

1.企业资产安全管理的需要

在企业的运行和发展过程中，资金是企业生存的重要保证，是企业获得长远发展的基本前提。所以，在财务管理的过程中，财务工作人员应该合理运用企业资金，降低企业资金的使用风险，保证企业的稳定健康发展。财务工作人员每天都要接触到大额的金钱，应该保持一种良好的心态，抵制住金钱的诱惑，只有这样，才能够保证企业资金的合理有序运行。在现实生活中，由于财务人员经济犯罪导致企业资金流失的情况时有发生，给企业的发展产生巨大的阻碍作用。所以，为了保证企业资金的安全和合理流动，提升财务工作人员的素质显得十分重要。

2.信息社会发展的需要

随着科技的不断发展和计算机的日益普及，会计电算化逐步成为财务人员的新工具。网络财务由于充分利用了互联网，使得企业财务管理、会计核算从事后达到实时，财务管理从静态走向动态，在本质上极大地延伸了财务管理的质量。随着信息社会的发展，对财务工作人员的技能提出了越来越高的要求。大多数财务工作人员对信息化掌握的程度还不够，往往都是停留在简单的加减乘除的计算上。虽然相关部门对财务人员的计算机水平进行培训，但是成绩并不明显，财务人员与当前信息社会的差距还很大。所以，面对当前计算机信息技术的普及，进一步强化财务工作人员的素质势在必行。财务人员应该加强自身学习，熟练掌握计算机操作，同时要学会和自身岗位相符合的财务应用软件，以便能够更好地进行财务报表和财务分析，保证财务工作的有序进行。

3.专业技术能力提高的要求

在财务人员的工作中，能力的不同对工作产生的效果也是不尽相同的。一般情况下，不同专业能力的财务人员会有着不同的职业选择和判断，就会产生会计信息质量的差别。在财务工作过程中，有些财务人员由于自身专业知识和文化知识的缺乏，对财务改革和新的财务制度、财务准则很难做到熟练掌握和应用，所制作出来的大量会计信息不符合新的财务制度、财务准则的要求，有的甚至出现大量的技术性和基本原理差错，以致影响决策者的决策。随着当前业务范围和业务要求的提高，对财务人员的专业技术能力提出很高的要求。为了能够保证财务工作的顺利开展，要加强财务人员的专业技能和综合素质。

4.应对当前财务犯罪的需要

随着当前改革开放的不断深入和市场经济体制的发展，利益主体出现多元化的趋势，很多人经受不住利益的诱惑，出现了各种违法犯罪的行为。在当前财务工作的进行中，有些财务人员自身素质不高，往往经受不住利益和金钱的诱惑，贪污、擅自挪用公款，出现很多违法犯罪的问题，给企业和国家造成很大的损失。财务人员在财务工作中的地位非常重要，是财务工作的核心环节。因为，为了能够有效防止各种财务犯罪的产生，一定要从财务人员入手，进一步强化财务人员的综合素质，优化财务人员的价值观念，保证财务工作的顺利开展。所以，提高财会人员的素质是当前财务部门的当务之急。

（三）在财务管理中提升财会人员素质的策略

1.加强财务人员的思想政治教育，提高职业道德

财务人员在财务工作中的地位非常重要，是财务工作的核心环节。财会人员在加强自身业务技能的同时，一定要不断强化自身的思想政治教育，加强财会人员的纪律教育，不断提高财会人员的职业道德。首先，加强思想政治理论学习。财务相关部门要定期举行思想政治理论学习，认清社会发展的基本规律，掌握当前社会发展的主要形势，坚定不移地贯彻和落实党的基本方针政策，把党的基本政策和理论作为财务工作的行为准则。其次，大力提高财会人员的职业道德。在财会工作过程中，财会人员的职业道德是财务工作的具体体现。因此，要不断强化财会人员的职业道德，做到原则明确、积极监督、努力生产、加强预测，从而保证财会工作的顺利进行。最后，在财务工作中，财务人员一定要按照相关的法律法规制作各种财务账单，进而能够更好地构建一个完善的制度来监督内部的财务，坚定立场，遵守法纪法规，依法执行自己的职责。

2.强化财会人员的职业技能

随着科技的不断发展和计算机日益普及，会计电算化越来越深入财务工作的每一个环节。在实际的财务工作中，计算机已经取代了以往的算盘和笔，财会工作逐步进入计算机操作的时代。首先，财会工作人员要加强计算机软件学习。随着当前信息社会的发展，财

会人员一定要熟练掌握各种财务软件的操作，以便能够更好地进行财务报表和财务分析，保证财会工作的有序进行。其次，加强对财会人员的技能培训。企业、事业单位等相关部门要把对财会人员的培训工作放到一个重要的位置，定期举办各种培训，让财会人员不断掌握新的技术和能力，能够更好地应对社会的发展，能够保证财会工作的准确进而能够更好地保证财会工作的顺利稳定运行。最后，鼓励财会人员参加职称资格考试。为了适应时代的发展，相关部门要鼓励财会人员进行各种职称资格考试，制订各种学习计划，大力支持财会人员通过财会专业函授学习或会计教育自学考试学习，不断提高自身的能力和水平，积极参加各种会计资格考试、会计师资格认定考试。同时，相关部门要对取得优秀成绩的财会工作人员给予物质上和精神上的奖励，从而保证全体财会人员素质的提高。

3.加强财会工作人员的法制观念

面对当前财会人员犯罪问题的严重性，加强财会工作人员的法制观念势在必行。首先，要做到懂法。财会人员要加强对法律法规的学习，尤其是要熟悉涉及财会类的法律法规，做到知法、懂法。其次，要做到依法办事。在财会工作中，财会人员每天会接触到很多的金钱，如果财会人员不懂法律，往往会出现一些问题。所以，财会人员应该按照相应的法律法规，在法律法规的允许下进行财会工作，时刻保持自身的法制性，从而保证财会信息的完整性、合法性和准确性，保证财会工作的顺利开展。最后，要学会利用法律武器抵制各种违法犯罪行为。在工作中，财会人员要时刻做到廉洁奉公、以身作则，坚决抵制享乐主义和拜金主义的侵蚀，保持自身的纯洁性；同时，要拿起法律武器，勇于同某些肆意违反国家财务政策及法律、法规的行为作坚决的斗争，做到不合法的事情不办，有效维护国家利益。

4.建立良好的财务工作环境

在财务工作的过程中，建立良好的财会工作环境具有十分重要的意义。在企业管理中，财会管理的中心地位，并不是指把财会部门的工作作为中心内容，也不是把财会人员作为中心，而是要求财务管理起到纲举目张的作用，通过抓财务管理带动企业各项管理工作的提高。首先，加强单位领导及有关人员共同参与。要想在一定程度上提高财会人员的整体素质，单靠财会人员自身是不行的，一定要不断加强单位领导和员工的共同参与，形成一个良好的工作环境，这样才能保证财会人员素质的有效提升。其次，加强领导对财务部门的重视。在企事业的发展过程中，企业领导要重视财会部门，重视财会人员，把财会工作放到一个非常重要的地位，要认识到企业管理应以财会管理为中心，保证财会工作的顺利开展。最后，各级领导要关心财会人员，切实保障财会人员的合法权益。在财务管理工作中，相关领导要加强对财会人员的鼓励，对于取得优异成绩的员工进行物质上和精神上的奖励，不断提高财会人员的积极性和主动性，从而保证财会工作的顺利开展。

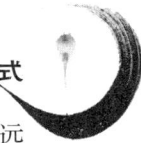

随着市场经济的快速发展，财务管理在企业管理中的地位越来越重要，对企业的长远发展有着不可替代的作用。加强财务管理，不断提高财会人员素质，具有十分重要的时代意义。提高财会人员的综合素质一方面是财务管理的重要内容，另一方面又是提高企业经营管理工作的关键所在。因此，在财务工作过程中，财会人员要不断加强自身能力水平的提高，不断优化和完善自身的业务素质。只有提高了财会人员素质，企业财务管理才能适应当前市场经济和改革开放的要求，企业的经营管理才能上一个新台阶，从而在市场经济中处于不败之地，进而实现更好、更快的发展。

第二节　企业财务会计管理体制的问题及改革重点

自改革开放以后，我国的企业取得了高速的发展，企业规模也不断地壮大，新科学技术和新商业模式的出现，企业也应运而生。近年来，随着企业改革的深化发展，各个企业也采取了一系列形式对现有企业模式进行了改革、重组，并拓宽了业务范围，壮大了企业规模。但是就我国而言，企业发展的时间较短，在短时间内还处于粗放经营的模式，这就使得企业在经营和管理的过程中存在诸多问题。就企业当前的财务管理而言，还存在财务体制不完善、财务信息建设不充分等问题，这些问题的存在，严重地制约了企业的进一步发展，成为企业发展的瓶颈。企业作为我国国民经济的重要组成部分，是我国经济发展的中坚力量，面对当前企业在财务管理体制中存在的问题，必须予以重视，采取有效的措施，加强财务管理体制的完善，提高财务管理水平。

一、当前我国企业在财务管理体制中存在的问题

随着科学技术和社会经济的快速发展，我国企业取得了良好的发展，其规模也在不断扩大，业务也在不断增多，为我国经济的发展作出了贡献。但是我国企业在取得迅速发展的同时，在财务管理上还存在诸多的问题，严重地制约了企业的进一步发展，主要表现在以下三个方面。

（一）缺乏完整的财务管理体制

当前企业在财务管理中存在财务管理体系不健全的问题，主要包括以下方面。首先，在内部财务管理上，还缺乏对资金的控制，企业内部资金控制和资金流向之间还存在信息不对称的问题，资金控制和资金流向存在脱节，这就使得财务管理部门不能实时掌握内部资金动态，只能根据财务报表中的内容完善相关指标的考核，其考核的结果也是不准确

的，不能满足当前企业对资金控制的要求。其次，财务控制中存在过度集权的问题，这就使得企业的子公司缺乏活力，积极性和主动性得不到提高；同时，分权过度的问题也使得企业财务管理比较分散，不能集中管理，控制力也不强，不能发挥好财务管理的作用。最后，企业财务监督还缺乏监督力度，企业对财务控制力度不够，使得企业的经营效益得不到提高，甚至出现了效益下滑的现象，导致资金大量流失。

（二）财务危机预警体系有待完善

随着社会主义市场经济体制的进一步改革和完善，各企业在市场中的竞争也日益激烈，企业在市场经济中存在的财务风险也就进一步加强。企业财务风险管理是企业财务管理的重中之重，并贯穿于财务管理的始终，财务危机预警是企业内部控制的重要手段之一。企业经营的好坏，主要在于企业的经营资金能否合理利用，因此，建立完善的财务危机预警体系，对企业提高财务风险管理水平显得尤为重要。但是当前企业的财务危机预警体系还处于建设的初级阶段，其大多是借鉴西方发达国家企业的财务危机预警体系，还没有建立符合我国国情的财务危机预警体系。

（三）财务信息系统有待完善

21世纪进入了信息化时代，各个企业也先后引入了信息化建设。信息化建设是企业财务沟通的重要渠道，是实现信息共享和信息交流的重要平台，也是和子公司沟通的重要途径。但是当前企业在信息化建设中还没有实现完全信息化建设，财务管理人员综合素质不高，不能对现代信息技术进行合理的运用，使得财务管理水平得不到提高。另外，财务信息系统不健全，使得各子公司之间财务信息缺乏可比性，信息沟通阻断，不利于内部之间的协作。

二、企业财务管理体制改革重点

随着经济全球化、贸易一体化步伐的加快、科技信息技术的飞速发展，为我国发展提供了良好的环境。但是，也经历了一些复杂、特殊的企业财务管理问题、企业治理问题，使经济效益下滑，特别是财务管理体制问题更为突出。为此，亟待在向国外先进经验学习、借鉴的同时，根据自身的发展状况，充分考虑国内的社会条件、经济形势等因素，逐步找到真正适合我国成长规律的财务管理体制。

（一）财务管理体制现存问题分析

1.组织机构设置存在的问题

有的企业财务体制建设才刚刚起步，还没有建立明确的财务管理组织结构。首先，财务部门缺乏对财务管理的重视，仅限于做好会计核算工作，并未将财务管理的职能作用全部发挥出来，从而导致企业的管理缺乏方向性，财务状况堪忧。现行的企业制度中要求企业的财务人员必须做到：完成最基本的会计核算工作、完成财务管理工作、通过对相关财务数据的分析完善经营流程、在有效降低成本的同时加快资金的流转，从而实现价值最大化。但是，很多企业并未真正实现这一理想目标。其次，对总会计师而言，一定要履行更多的财务监督职责和价值管理职责，在董事会、经营者之间形成相互的制衡关系，尽量避免在经营中出现"道德风险""逆向选择""内控人控制"等问题。例如，在企业的管理中，董事会是企业进行重大问题决策的主要机构，随着企业董事会规模的扩大，董事会成员之间的协调、沟通、制定决策的难度不断增加。这也就阻碍了企业技术创新、改革创新思路的拓展与突破，从而降低了企业的经营效率、增加了财务风险的发生。另外，如果董事会的规模超大，那么董事会成员之间将会产生相互依赖、心存侥幸的心理，而当企业真正面临风险时，董事会中的成员都不会采取积极、有效、科学的措施来应对。

2.财务管理制度存在的问题

我国很多企业已经在日常生产经营中逐渐意识到财务管理的重要性，已经着手对本企业的财务管理体制进行改进，并由企业的财务部门、企管部门共同根据企业内部的实际情况起草制度，如费用审批制度、资金审批制度、费用预算制度等。这些制度看似囊括了内部的资金运营状况，但是制度的本身还不完善、不健全，特别是在投资、筹资、成本考核等方面并没有形成一整套集预算、控制、分析、监督、考核为一体的管理体制。可见，这种缺乏约束性、系统性、全面性、科学性的制度对发展极为不利。例如，对于资金的管理，一般的企业在合并其他子公司后都希望在短期内能够驱动子公司进入市场，并占领市场份额，而对子公司其他方面的控制与管理存在着缺陷。特别是对于子公司资金的监管与资金使用效率的提升、挖掘方面更是千差万别，从而造成企业很难站在企业战略发展的高度来对各项资金的投资、融资活动等进行统一的规划和安排。

3.高管薪酬设计中存在的问题

目前，很多企业对高管采取的是年薪加提成的方式计算薪酬，对高管业绩衡量的标准与依据就是净收益指标。如果净收益指标完成了，那么可以拿到年薪，有超额的可以实现提成。但是，会计系统又完全是在高管的控制权力范围之内。很多国内外成功的经验表明，股权激励对于有效地改善公司的治理结构、降低代理成本、有效地增强企业的凝聚力、提升企业的管理效率、提升企业的核心竞争力等有着积极的促进作用。股权激励不同于传统的经营者持股。股权激励和实施能够有效地促进企业的经营者更加关注企业的长远发展，能够有效地激发企业经营者的创新意识，能够有效地帮助企业以较低的成本留聘经营者。股权激励机制将上市公司的管理层的薪酬与股价进行了有机的结合，但是这样很可能会导致上市公司管理层出现机会主义行为。例如，公司的管理层在财务信息披露、盈余管理、经营决策中为了使之朝着有利于自己的方向发展，而对公司的股价、业绩等进行影响、干预。

（二）财务管理体制的构建

1.体制的设计应与财务环境因素相匹配

财务管理环境主要是指对企业财务活动产生影响作用的企业的各种环境因素的总和。任何体制的建立都不能脱离环境因素，并且不同的系统之间、体制之间是相互影响、相互作用的。企业的环境因素主要包括宏观的政治因素、经济环境因素、法制制度环境、金融市场环境因素、社会文化传统因素、技术发展环境因素，这些均属于企业的外部因素；产权结构、文化与管理者的处事风格、生命周期、法人治理结构、董事会的定位、组织形式等因素均属于企业的内部环境因素。因此，财务管理体制的设计应适应财务管理的环境。

2.财务管理制度的构建

财务管理制度的构建应从财务管理的资金筹措、公司的运营、资金的投放、利益的分配、财务信息等方面进行设计。每项内容的设计都必须贯穿企业经营过程的整个环节，并在财权的划分上充分体现出决策、执行、监管的三权分立原则。对于母公司而言，应把控好对其他企业投资的权利、资金筹措与管理的权利、资产处置的权利、收益分配的权利，子公司应把控好单一的经营权、限额内的对内投资权等。可以通过建立财务共享中心来实现资金的集中管理。

3.全面预算控制体系的建立

全面预算并不是独立于企业的各项经营活动而独立开展的，而是作为企业组织经营活动中的一种重要的管理与控制手段，与企业的投资决策、账务核算、绩效管理等共同构成保证企业可持续发展的重要保障。在信息化环境下，企业全面预算管理的实现需要根据其长远的战略规划、发展目标进行预算的编制、执行、监控、调整与分析。企业全面预算的各环节之间是相互影响、相互制约的，这些环节通过循环完成企业的全面预算管理。信息化环境下的全面预算借助网络的环境运行，保证了预算的准确性、合理性、规范性、科学性，为我国企业增强核心竞争力，进军国际市场奠定了基础。

4.不断提升资金的集中度

企业应遵循尊重现状、立足长远发展的实际情况，在兼顾资金的集中使用进度、融资需求、风险管理等多方面的综合因素的情况下，稳步推进资金集中管理，并分类分步实施资金的集中管理模式。对于经营性资金的集中管理，可以采取收支两条线和收支相结合的管理体系，将收入账户中超过限额的资金划转到共享中心的资金池中，同时，财务资金共享中心应按预算拨付到成员单位的支出账户上或者实行联动支付的方式。对于专项资金，应采用成员单位基建、科研等专项资金的集中管理方式，要求各成员单位必须将专项资金纳入集中管理体系中。避免出现资金沉淀，专项资金被挤占、挪用等风险的发生。

5.加强企业资金管理风险评估体系建设

随着企业经营环境的变化，在实现战略发展目标的过程中，将面临各种潜在的风险。这些风险发生的概率、影响程度等都是无法实际估量的。对于企业而言，建立资金集中管理流程的动态风险评估体系主要从风险目标的设定、风险的识别、风险的分析、风险的防范与应对这四个不同的方面着手。一定要注意对风险评估的持续性进行研究，将风险变化过程中发生的各种相关信息进行及时收集与整理，定期或不定期开展风险评估，并对风险防范措施进行实时调整。

第三节　现代企业制度下财务会计模式的转变

现代企业制度是一种政企分开、管理科学的企业制度，它是市场经济发展的必然产物，是市场经济的开放性要求企业面向国内外市场法人实体和市场竞争主体的一种机制，它对企业的财务会计模式提出更高的要求。而一种会计模式受制于其所处的社会经济环境，随着信息技术革命的推动，网络经济时代和新知识经济时代的到来，企业在产业结构和经济增长方式等方面发生巨大变化，而传统的会计模式已难以适应企业的发展需要，以信息技术为核心和人力资本为管理中心的现代企业管理制度必然引发企业财务会计模式的转变。

一、企业传统会计模式缺陷分析

传统的会计流程独立于业务流程之外，它是会计人员以单位货币为计量工具，在会计核算的前提下，对企业的经济业务进行记录及审查。当企业经济业务活动发生后，会计人员根据原始凭证进行记账、编制。会计人员基本上不涉及业务方面的工作，仅负责业务方面的单据流转和记录。因此，在传统会计模式下，会计人员的工作缺乏灵活性，按部就班，对企业经济活动进行核算监督，缺乏参与管理决策，会计人员的地位和工作未得到应有重视。这里除受到传统经济发展模式和会计人员本身能力素质限制外，还和企业整体环境及企业领导的现代意识有关。而电算化会计只是将传统会计核算流程计算机化，并综合运用现代网络技术及数据仓库管理，它只是发挥计算机的数据统计和记忆储存功能，未充分认识到网络知识经济对现代会计模式转变和企业经济增长转型的重要作用。激烈的市场竞争和企业经营环境的不稳定性，造成企业经营风险的增加，使企业决策层对企业数据的管理提出更高要求，会计数据的及时、准确和共享性是企业内部决策必不可少的，而传统的财务会计模式显然不适应现代管理的需要。以传统会计核算中，没有将人力资源作为一项资本进行核算的这一缺陷为例。

人力资源对经济增长的贡献份额越来越大，这一点已被人们广泛认同。知识经济的兴起，意味着"知识与信息"已成为经济发展的关键生产要素，而知识与信息的生产、传播与利用必须以相应的人力资本为基础，因此人力资源已成为关系企业甚至国家竞争力的关键因素。人力资产所具有的特殊性要求我们在把人力资源"资本化"，用货币计量的同时，又必须结合非货币的手段，运用会计的专门方法，对一定组织的人力资源进行连续、系统、全面的计量、核算、报告和监督。任何会计制度，都应该是以对经济生活的具体现实的有效归纳而不是以某种理论依据为主要基础，应该是以满足经济运行而不是理论论证的需要为根本目的。

（一）会计核算现状研究

1.人力资源会计的主要观点

人力资源会计是以货币为主要计量单位，结合其他非货币手段，运用会计的专门方法，对一定组织的人力资源进行连续、系统、全面的计量、核算、报告和监督的管理活动。人力资源会计既包含用于计量人力上的投资及其重置成本的会计，也包含用于计量人对一个企业的经济价值的会计。因此，目前人力资源会计形成两大分支：人力资源成本会计和人力资源价值会计。前者是为取得、开发和重置作为组织资源的人所引起的成本计量和报告。它认为对人力资产应按照其获得、维持、开发过程中的全部实际耗费人力资源投资支出作为人力资产的价值入账，即把人力资源的成本予以资本化。后者是把人作为价值的组织资源，而对它的价值进行计量和报告的程序。它主要考虑到人力资源的能动性，即创利能力，认为人力资源会计报告的不是取得和开发人力资源所付出的成本，而应是人力资源本身具有的价值，即具有一定智能的劳动力资源的价值。

2.会计核算中资本化的人力资源的重要性

传统会计中财务报告所反映的是企业的资产、负债、所有者权益等会计信息，是向外界投资者披露的企业财务状况的重要渠道。而随着知识经济时代的到来，传统会计中对向外界投资者所披露信息的局限性已显现出来。首先，传统会计在核算上建立基本假设，原则、会计要素、利润分配等会计假设在核算中往往忽略了人力资本的特殊情况。人力资本在资本化过程中受到传统会计理论的某些瓶颈的约束，如传统会计的基本假设中的货币计

量假设，币值不变对于人力资本的计量准确性就存在局限性。对人力资本要素的计量还需要非货币的计量，这也是一大局限性，作为生产要素的主体的人，在会计核算中没有反映出给企业创造的未来价值，没有体现出核心地位。其次，放置在实物资产上的价值量的大小与企业创造效益、市场价值之间的相关性以及外部投资者对企业现状全部真实情况的了解已严重脱节。

（二）传统会计核算模式中存在的问题

1.传统会计核算模式的缺陷

传统会计是从实践中逐渐总结形成的一整套完整的理论，也是一个经济管理的工具。在实践检验中，传统会计模式存在严重的缺陷，只是在传统的管理体制下没有完全表现出来而已。比如它只能进行事后核算，而起不到预测和控制的功能。而知识经济时代则充分反映出它的弊端。如费用是指企业作为销售商品、提供劳务等日常活动所发生的经济利益的流出，它将引起所有者权益的减少，但随着企业转变为知识型企业，作为人力资产的投入价值，随着价值的投入便转化成了企业的人力资本，成为企业的一项资产，它并没有引起企业所有者权益的减少，而只是产生了变化而已。因此，人力资源的相关费用应予以资本化为一项资产核算，而不应该再作为一项费用核算。但在传统会计核算中，人力资源作为一项费用核算，作为损益项目双倍地递减了所有者的权益，从而使名义上的企业资产减少，利润减少，资产负债表和损益表的数据发生扭曲。几十年来，虽然这一理论缺陷遭到冲击，但最终没有在实践中体现出来。

2.人力资源会计对传统会计的冲击

传统会计的计量与报告都是建立在以有形资产计量为核心的基础之上，只适用于传统的工业社会。特别是当今知识经济时代要求传统企业向知识型企业转变的情况下，只有对企业进行全面了解，才能帮助投资者进行决策。而传统会计难以提供详细的决策信息，企业内部的任何信息特别是会计信息应尽可能详细、系统、全面和真实可靠。决策者关于企业的人力资源管理方面很大程度上建立在关于企业人力资源的投入方面，从中吸取相关重要的信息，以便作出正确决策。但在传统会计上，企业是不计量人力资源成本的，这使得管理方面可能低估了成本，导致决策失误。投资于人力方面的支出，企业往往作为当期费用，这使人力资产被大大低估，而费用则上升。另外，企业重心的转移也应随整个经济生活的发展而变化。这必将冲击传统会计的变革，加速企业的发展，这种变革将辐射各个领域。为了适应一定变革，要求我们重新构建会计核算体系和框架，建立一个适应当今时代的能全面反映知识经济时代企业所拥有或控制的经济资源的真实价值及其结构变化的会计体系。使人力资源资产和其他资产的真正价值在会计反映中的比重不断提高，得到价值的体现。

3.人力资源会计对税收政策的冲击

公平合理是税收的根本原则和税制建设的目标。征税的宗旨是有利于提高效率，由于传统会计政策没有将人力资源资本化，而是将部分人力资源开发费用予以费用化从而增加了本期费用，减少了利润。在缴纳所得税时，大大减轻了企业纳税负担，这本是国家在政策方面给予企业的倾斜，有利于企业的生存与发展。但由于在不同的企业和企业的不同发展阶段以及不同时期所采取的相应政策是不同的。这样就体现不出公平合理的原则。又由于人力资本在企业运行过程中所起的作用为企业创造的价值是难以用货币来衡量的。高效率的企业在激励作用下，也给企业带来了很大的隐患，如不正当竞争等。国家经济的发展离不开一个良好的政策，国家在运行中运用税收政策杠杆发展经济是正常的。要想发挥好这一杠杆作用，就必然要将税收合理而充分的量化，才能体现出公平与效率的统一，只有变革传统会计核算的框架才能适应现代企业管理需要。

（三）人力资源会计适合时代的要求

人力资源会计理论研究趋势随着人力资源会计理论的发展，产生了一些人力资源的新模式和新理论。例如，针对传统人力资源会计模式的不足，有的学者构建了劳动者权益会计框架。通过提出人力资产投资、人力资产、人力资本和劳动者权益等概念，对传统会计公式进行了重构，并论述了人力资本参与企业盈余价值分配的均衡机理和基本原则。从而，通过劳动者权益明确人力资源的产权归属，从根本上调动劳动者的生产积极性，初步解决了传统人力资源会计模式的不足。还有的学者提出建立在生产者剩余基础上的人力资源会计计量模式。理论的创新之处在于通过分析企业所获得的经济剩余，明确指出企业剩余价值中的消费者剩余部分为企业投资者所有。而作为生产者的权益，剩余价值中的生产者剩余部分应归生产者所有。人力资本作为能够获得剩余价值的人力资源价值，表现为人所具有的创造剩余价值的潜在能力或生产能力，在此基础上，人力资本参与企业分配的形式可以有职工股、绩效工资等，也是切实可行的人力资源价值会计。

人力资源会计的设计与应用应遵循的原则包括会计信息质量的基本原则、会计处理的基本原则等，但最重要的还是成本效益原则。人力资源会计制度是一项创新的制度，它的设计应经济合理、简明实用，有较强的适用性与可操作性。首先，它应该也可以包容于原有的传统会计系统，以减少对传统会计的冲击。其根本原因在于，传统会计系统本身就是关于组织拥有或控制的各种资源的货币计量的信息系统（尽管原来对人力资源的计量反映很不充分），而人力资源会计的主要目的也正是要提供关于人力资源的货币计量的信息。其次，虽然从理论上说，只要是组织拥有或控制的人力资源就应成为人力资源会计的核算对象。但是组织人员众多，要对每项人力资源进行同样详尽的记录反映，既不经济也不符合现实条件，因此必须根据重要性原则与成本效益原则进行分类处理。只有通过一定方式的投资并掌握了专门的知识和技能的人力资源才是一切资源中最重要的资源，即人力资本。因此，可以把由于先天的天赋与后天投资而形成的、专业性的、特殊的人力资源称为"人力资本"。人力资源的属性确认，企业不能声称对其人力资源拥有所有权，它只是通过产权交易拥有了它的支配权等派生权利。

为推动我国企业的发展，人力资源会计是不可或缺的，是适应经济发展的趋势，促使我国会计行业不断探索，解决传统会计不适应经济发展的矛盾。促使会计理论不断完善成熟，人力资源会计和传统会计的融合，形成适合我国现代企业自己的一整套完善的会计体系。在实践中为企业创造经济效益，为社会创造效益。

二、现代企业制度下的企业会计模式

如今，为了更好地推动我国企业的发展，需要在现代企业制度下对企业会计模式进行研究，使其更好地服务于企业的发展。现代企业制度下的会计模式虽发展迅速，但是在发展过程中还存在着较多的问题，主要体现在财务基础薄弱、控制力差，企业财会人员风险意识弱、综合素质低等方面。企业应建立多元化的现代企业财务会计目标模式及工作模式，加强财务会计工作的监督检查力度，加强对财务会计人员的培训及教育，实现管理制度、信息系统和监督体系三者之间的协调统一，进而不断地规范现代企业制度下的财务会计模式，从而不断地提高财会人员的工作效率以及企业经济效益。

（一）企业会计模式的构成

1.会计机构设置

会计机构，顾名思义就是维持会计工作有序并有组织地进行工作的一项组织机构。会计机构在整个经济领域中起着调节经济的发展以及维持一个较为稳定的工作环境的作用。通过设置一定的会计机构，可有力地协调各部门之间的工作，使会计的各个部门处在一个平衡稳定的工作环境，以此来不断地改进会计工作以及提高会计的信息质量。此外，会计机构在发挥作用时，应具备以下特征。第一，目标一致。会计机构应遵循国家制定的有关法律法规，并有效地结合企业的主要目标，进而完成相应的会计工作。第二，加强各部门之间的协调力度。会计机构在工作的过程中，一定要加强注重各部门之间的协调力度，进而才能提升整体的工作效率。第三，明确各个部门的职责。要想保证会计机构各部门之间的有力协调，就必须明确各部门之间的职责，使各个部门各司其职，互相协调，进而提高会计的工作效率。

2.内部控制制度

内部控制制度是企业会计模式中的主要构成部分。通过设置一定的内部控制制度，可有效地保障会计信息的可靠性以及有效性。所谓的内部会计制度就是会计企业内部的一种制度，即企业内部中各部门之间以及相关人员之间在处理经济业务的过程中所要遵循的一种经济制度。设置内部控制制度可有效地协调各部门之间的工作以及不断规范各部门的工作流程。为了发挥内部控制制度在会计机构中的作用，我们就需引入一定的会计方法和程序。随着会计行业的快速发展，现代的会计内部控制方法与程序也是多种多样的，其中主要包括内部审计控制、授权标准控制等。通过对会计方法以及程序进行规范化，可有效推动内部控制制度在会计部门的有效实施。

3.会计人员管理

会计人员管理是企业会计构成模式中主要的一部分，而企业的财会工作主要是由财会人员完成的。因此，加强对财会人员的管理以及不断提高财会人员工作的积极性，才能在一定程度上提高企业会计的工作效率。对于财会人员的管理主要是从对财会人员的专业知识水平的不断提高以及职业道德素养的不断提升两个方面进行培养。作为一名财会人员，首先应具备较强的专业知识。衡量一个较为专业的财会人员不应单从专业成绩方面进行评价，还应注重会计人员的专业素养。此外，对于财会人员的管理，不仅要进行专业方面的培训，还应进行后续教育，以此来加深财会人员对于获取财会知识的重要性以及提升自己综合素质的重要性。一名合格的财会人员不仅应具备较强的专业知识，还应具有较高的职业道德水平。这就需要相关部门应重点监督财会人员的职业道德素养。加强监督财会人员的道德素养，可增强财会工作的稳定性以及透明性。此外，良好的道德规范不是与生俱来的，这就需要财会人员具有一定的学习积极性，在工作中不断规范自己的工作行为，以此来不断提高财会工作的效率。在财会工作中，我们还可采取奖惩措施来提高财会人员的积极性，不断规范财会人员的工作行为，进而不断提升财会人员的专业素养。

（二）现代企业制度下的企业会计模式中存在的问题

1.财务基础薄弱，财务控制力差

随着经济的不断进步与发展，企业为了提高经济效益，就在一定程度上不断调整企业规模，虽然在一定程度上取得了成效，但在实际上企业内部还缺乏较为完善的内部控制制度。企业缺乏较为完善的内部控制制度的原因主要表现在：企业没有重视财会管理工作在财会企业所起到的重要性，这就在一定程度上导致财会企业在财会管理工作方面的投入力度减少。因此，为了提高财会企业的经济效益，就需在一定程度上不断地健全与完善财会管理工作制度，进而使财会工作变得更加系统及科学，从而让财会管理制度在财会企业中发挥着越来越为重要的作用。但是，在一些财会企业中，财会管理制度就形同虚设，只有当领导检查时，财会管理制度才能发挥其存在的作用，这在很大程度上源于我国的企业财务基础较为薄弱，没有系统的管理制度对其进行规范。

2.企业财会人员风险意识弱

财务会计是与金钱联系最为紧密的一个职业，同时也是风险较强的一个职业。因此，企业财会人员拥有一定的风险意识对于企业的长久健康发展是至关重要的。随着企业之间竞争力的逐渐增大，市场存在的潜在危机已是每个企业所要面对的问题。但是由于有些财务会计人员缺乏一定的风险意识，在一定程度上就会使个别企业存在较为严重的财务危机。导致其存在危机的主要原因有以下两个方面。第一，企业过度负债。一个企业要想得到长期稳定的发展，就需综合考虑自身发展方向，不断衡量自身企业的盈亏情况，在自己的还款能力范围内，有效地向金融机构获取贷款。但有些企业在实际经营中，会出现不根据自己的还款能力进行贷款的情况，进而出现无力偿还贷款的现象，从而就导致企业的亏大于盈，甚至面临倒闭的危险。第二，企业短债长投。企业在发展的过程中往往会受到国家政策的影响。但是有些企业却忽视国家有关政策与法规，在没有获得相关部门允许的情况下，自主地进行贷款，并非法修改贷款用途，进而就导致企业的负债要远远大于企业的盈利，从而造成企业面临倒闭的危险。

3.财务会计人员综合素质低

随着网络技术的不断发展，将网络技术与财会行业有效地结合也是当前财会企业的发展趋势，但是这一发展趋势对财会人员的综合素质提出了更高的要求。针对当前的财会企业而言，财务会计人员普遍存在综合素质低的现象。不少企业的财会人员对于企业所采取的先进管理模式尚未认识与了解。在工作中，依旧采用传统的管理模式，不能及时地对企业的管理模式进行创新，这就在一定程度上阻碍了财会企业的高效率发展。此外，一部分财会人员对于新型的网络技术缺乏较为深刻的认识，且还在一定程度上缺乏刻苦钻研的精神，这不仅在很大程度上阻碍了自身综合素质的有效提高，还在一定程度上阻碍了企业的有效发展。因此，我们应加强对财会人员的思想教育工作，不断改变财会人员的认知度与价值观，不断提升财会人员的责任感，以此来不断促进财会企业长期有效的良性发展。

（三）现代企业制度下财务会计模式的创新

1.建立多元化的现代企业财务会计目标模式

财务会计目标是一个企业有效发展的基础，因此我们应建立多元化的现代企业财务会计目标模式。财务会计目标的建立不仅需要财会企业拥有一个稳定的经济环境，还在一定程度上取决于企业给社会的影响力以及企业自身的发展能力。在内外环境的综合影响下，我们应建立三个财务会计目标。第一，会计工作要有合理的资金运动。一个企业要想良好、持续有效地发展，就要依靠合理的资金运动，通过资金不断地进行运转，才能有效保障企业处在一个稳定的经济环境中，进而赚取一定的利润。此外，资金在运转的过程中，其速度与方向应与财会企业的实际发展状况相适应，不能违背企业的真实发展情况。第二，要为国家的有关政策提供有效的会计信息。企业的运营情况也在一定程度上决定着国家经济的运营走向。因此，企业应如实地向国家提供真实可靠的会计信息。第三，不断地平衡有关债权人的利益。合理有效的财务会计模式可有效地平衡投资者与债权人之间的利益，使他们处于一个相对稳定以及平衡的经济环境中。

2.建立现代化企业财务会计工作模式

随着经济水平的不断提高，建立现代化企业财务会计工作模式已是当前会计企业发展的必要之路。传统的报账以及算账的会计工作形式已无法满足现代企业发展的需要，这就需要不断创新财务会计的工作模式。就针对当前企业的发展而言，其存在的财务会计工作模式主要有三种，即分散型管理模式、交叉型管理模式以及统一型管理模式。三种管理模式相辅相成，不断创新新型的财务会计工作模式。此外，现代的企业财务管理应做到内部管理与外部管理有效结合，这样才能不断地提高企业财务会计工作效率。

3.加强财务会计工作的监督检查力度

企业要想得到长久的发展，不仅应建立良好的管理机制，还需要在一定程度上加强对于财务工作的监督力度。为了加强财务会计工作的检查力度，会计部门应在年末对企业的盈利状况进行有效的盘点，进而及时反映出企业的盈亏情况。但是在实际的操作过程中，往往会出现财会人员虚报以及假报数据的情况。一旦出现谎报以及虚报的情况，就会对企业造成不可挽回的损失。因此，为了促进企业的长期良性发展，我们就应加强培养财会人员的责任感以及加强对于财会人员的监管力度。此外，有关人员还应注重对年末账单的核对情况，避免出现漏单、错单的情况。还应大幅度培养财会人员的实际操作能力，减少财会人员统计数据的错误，从而减少对企业的损失。

4.加强对财务会计人员的培训及教育

加强对财务会计人员的培训与教育对于提高财会人员的责任感以及降低财会人员操作过程中出现的失误率是至关重要的。现代财会工作是一项复杂、系统的工作，传统的工作模式已无法满足现代企业的工作。因此，应加强对于财会人员的培训及教育，不断提升财会人员的专业素养以及不断普及现有的会计技术。随着财会行业的不断发展，财会专业的技术也变得越来越为复杂，进而专业性较强的人却越来越少。因此，应在遵守企业内部控制原则的基础上，积极聘用合格的会计人员，并加强对这些会计人员进行有效的培训与教育，从而使他们拥有专业性较强的会计技术，进而为企业的长期发展建立一支专业性较强、技术性过硬的会计队伍。

5.实现管理制度，信息系统和监督体系三者之间的协调统一

实现管理制度、信息系统和监督体系三者之间的协调统一可有效地保证企业长期稳定快速的发展。其中，管理制度的建立为财会行业提供了一个良好的发展环境，为会计目标

的确立以及会计模式的发展建立了一种稳定的经济环境；而信息系统的建立为会计目标的实施提供了一定的信息保障，在一定程度上确保了信息的准确性以及科学性，进而可将真实的会计信息有效地反馈给国家，帮助国家进行合理的财政调控；监督体系是运行会计模式的有效保障，通过对会计目标以及会计模式的监督，不仅可以保障会计信息的准确性，而且还能监督财会人员的工作能力，进而在一定程度上提高企业财务的工作效率。因此，将管理制度、信息系统和监督体系三者之间有效地结合起来，对于促进企业稳定地发展具有至关重要的意义。

随着企业之间竞争力的逐渐加深，不断地分析与研究现代企业制度下的企业会计模式对企业长期稳定的发展是至关重要的。首先，应认识与了解企业会计模式的构成，进而了解现代企业制度下的企业会计模式存在的主要问题：财务基础薄弱，财务控制力差；企业财务人员风险意识弱；财务会计人员综合素质低等问题。从建立多元化的现代企业财务会计目标模式，建立现代化企业财务会计工作模式，加强财务会计工作的监督检查力度以及实现管理制度、信息系统和监督体系三者之间的协调统一这几个方面来进行现代企业制度下的财务会计模式的转变，进而不断规范现代企业制度下的财务会计模式，不断提高企业财务的工作效率以及经济效益。

三、企业财务会计人员管理体制的改进

《中华人民共和国会计法》（简称《会计会》）规定会计的基本职能为核算和监督。传统会计核算与监督主要是事后，现行会计的核算与监督职能已经拓展到事中与事前。但目前《会计法》赋予企业会计人员监督管理的职能却因受到各种因素的干扰而被大大削弱，究其原因是由于受现存体制和企业管理层的影响，企业会计人员行使监督权阻力大。因此，我国传统体制下的会计人员管理机制已不能适应新形势发展的要求，为使企业会计人员真正执行会计的核算和监督职能，提出将会计工作统一管理等建议。

（一）我国企业会计人员管理体制的现状

现行会计监督主要由国家监督、社会监督和企业内部监督三部分构成。当会计信息真实有效时，监督才能真正起到作用，否则形同虚设。一名合格的会计人员管理体制要保证会计人员能够向决策者提供科学真实的会计信息。综观现行的会计人员管理体制，企业主管部门对会计机构负责人、会计主管人员进行任免和考核，而会计实务和具体操作的准则制定与考核权却在财政部门，实行人权和事权的分开。该体制更多体现的是计划经济模式下的要求，并未真正意义上对信息活动起到监督作用，不能保证会计信息的真实性，显示出了极大的弊端。以监督体系为主的问题，主要体现在以下三个方面。

1.会计人员无法真正对单位负责人实施监督

在单位内部监督中，包括单位主要负责人对审计人员和会计人员的监督、审计人员对会计的监督、审计和会计对单位内部部门和经济活动的监督、审计和会计对单位负责人的监督。而在单位内部，会计、审计人员和单位主要负责人是上下级的关系，由于这一层关系的存在，对单位负责人的监督根本无从实施。这样就导致会计人员提供了真实的会计信息给负责人，但负责人却臆造虚假不合法的信息。。

2.社会监督，实施可行性低

《会计法》明文规定注册会计师有权对被审计单位的财务会计资料进行监督审查、国家财政部门对注册会计师部门有监督权、任何单位和个人对违反有关会计法规的单位和个人有权进行监督，并且受国家法律保护。这些所谓的社会监督对企业会计信息具有一定的约束力，但在实施中却需要付出相应的代价，比如支付审计费，所以不具有可行性，且效果不值得肯定。

3.忽略了所有者和债权人的监督

在《会计法》中规定了企业内部监督、社会监督、国家监督三个部分，却忽视了与本企业利益最相关的所有者和债权人的监督，未进行该部分的规定。所有者和债权人与企业利益直接相关，有权利和必要对企业会计信息进行监督，这是合情合理的，但法规在这方面却是一片空白。

（二）企业会计人员管理体制的发展

对当今企业会计人员管理体制进行分析不难发现，其存在着严重的弊端，进行体制改革势在必行。

1.企业会计人员管理体制发展改革的指导原则

改革是希望通过有效有力的监督，实现会计信息的真实性和有效性，从而提高企业的经济和社会效益。因此，要遵循下面四项原则。

①体制改革必须对企业会计人员的身份作出明确的规定，明确规定会计人员具体具备何种职能权利，只有作出明确的规定，才能够为其创造良好的条件，有利于会计人员更好地发挥其职能，起到更好的监督作用。

②体制改革是为了更好地适应现代企业管理，更好地服务于当代经济的需要。因此，新的体制必须满足现代企业对会计监督管理等方面的需求，通过新的管理体制，能够很好地调动会计为单位提高经济效益而努力的积极性。

③在新的管理体制下，能够充分发挥国家和社会对企业会计工作的监督和管理。

④体制改革最终是为了经济得到更好的发展，实现企业经济利益的最大化。所以体制改革必须牢牢抓住这一点，首先在满足需求的前提下，应尽可能地降低企业会计人员管理

体制的成本，再者，保证该管理体制能够为企业带来经济利益的最大化。

2. 企业会计人员管理体制发展改革的设想

会计信息作为企业内外利益的相关者进行决策的主要依据，其真实性至关重要。从当今管理体制和现状分析可以发现，造成会计信息不真实的关键在于会计人员的地位并没有真正独立，所以改革必须实现会计人员的独立地位，从而保证会计信息的真实性。下面从六个方面进行体制改革的设想。

（1）真正意义上实现会计人员的独立化

在目前企业会计人员的管理体制中，会计人员附属于企业，受企业负责人的领导和管理，行使职能非常被动。要想真正实现会计人员的独立化，可以将原来企业内部执行核算、记录、财务报告的会计人员分离出来，成立专门的营业性财务会计服务公司。这样，会计人员不再受原来企业负责人的管制，成为独立活动的主体，是独立于利益相关单位的第三者，专门为利益双方收集资料，提供真实、可靠、客观、公正的财务会计信息。另外，为了避免利益单方面和财务会计服务公司串通谋取非法利益，由国家专门的机构和运行机制对其实施监督，并颁布具有强制力的法律法规加以保障。财务会计服务公司由专门的运行机制对其进行约束，作为独立的中介服务机构，进行自主管理、自我经营、自负盈亏，并进行依法纳税，是具有法律人格的法人实体。在整个流程中，企业委托会计服务公司进行会计服务，会计服务公司首先对企业提供的会计资料进行真伪性的审核，然后进行核算整理，最后将信息提供给利益相关的各方，这样就保证了会计信息的真实性。

（2）实现会计人员的企业化

在企业会计人员管理体制改革方向中，改变如今会计人员受企业和政府双重管理的现状，相应地可以在企业内部只设置管理会计。具体来说，新体制下，管理会计只是企业内部一个机构，该机构不直接受企业的管理，会计通过对企业的经营管理活动进行预测、监控等，为企业决策提供有力依据，然后为受托代理人提供真实有效的会计信息，为企业的发展和经济效益提供可能。而会计工作的动力是其利益与企业的经济效益进行挂钩。

（3）被服务企业支付会计服务费

会计人员独立出来成立专门的财务会计服务公司，作为利益相关方的第三者，通过对企业财务资料真实性的审查后向被服务企业提供财务会计信息，在这个过程中，被服务的企业承担会计服务费。同样，在众多财务会计服务公司中，通过市场竞争，实现优胜劣汰生存法则。其服务、信息的可靠性真实性、资料更具代表性、提供资料的时效性等是其进行竞争的主要对象，并由专门的机构负责监督。所以，财务会计服务公司，要想取得好的发展，必须不断地在实践、学习中完善自己，提高自己。

（4）委托人的规定

财务会计服务公司要真正实现独立，必须置身于所有利益相关者之外。这样做的后果可想而知，所有利益相关者都可能成为委托人，这就会造成一个委托权混乱的局面，这是肯定不允许发生的，所以，必须明确委托人。外部利益相关者不可以成为委托人，只有国家以及内部利益相关者可以，比如股东大会、董事会、经营者、监事会和内部职能部门及职工。而国家、股东大会、经营者三者进行任意组合成为委托人都会造成种种弊端，不利于会计信息的真实化。其中，监事会是由股东、董事、职工按一定的比例组成，综合分析，由监事会作为委托人是最佳选择。

（5）财务会计服务公司监督机制

为了确保会计信息的真实性，避免会计服务公司和利益单方串通弄虚作假，必须设置专门的财务会计服务公司监督机构或部门对其实施监督。这个监督可以是国家监督，也可以是受制于注册会计师协会及下属职能部门的监督，还可以是利益相关方的监督。在发生以权谋私，弄虚作假，严重威胁其他利益方的正当利益时，受害方有权对其进行起诉。

（6）财务会计服务公司和被服务方法律责任归属问题

财务会计服务公司和被服务方之间是以真实可靠的财务会计信息为主要内容，会计公司负责向被服务方真实提供反映企业的经营状况，进行准确分析的财务信息。因此，资料必须保证其真实合法性，否则企业利益相关者有权利就该问题对服务公司提起诉讼。

由于经济的发展，我国经济活动由国内逐渐转为国外，而目前的企业会计管理体制日渐显示出弊端，导致财务会计信息的真实性得不到保障，给企业、地区和国家都造成了严重的影响，蒙受巨大的经济损失。所以，进行会计管理体制改革就显得尤为必要。要想真正改变会计信息弄虚作假的现状，就必须使会计人员真正从企业中独立出来，成为一个独立的个体，置于利益相关方之外，成为独立的第三者，受专门委托人的委托进行财务会计活动，并接受多方面的监督，以真正实现会计信息的真实性，更好地为经济的发展作贡献。

第四节　我国企业财务会计管理体制的创新模式

会计管理制度的创新是一个庞大项目，必须步步为营，它必定要走从人治到法治的道路，以企业会计（主要是国有大中型企业会计）的管理方式和制度为中心的创新会计管理制度。至今，总共有三种创新的会计管理方式，分别是会计委任制、财务监督制和稽查特派员制。

一、会计委任制

会计委任制是国家凭借所有者身份依靠管理职能，统一委任会计人员到国有大中型企业（事业单位也可）的一种会计管理制度。在此管理制度下，各级政府应为会计管理建立专门机构，负责向国有大中型企业（含事业单位）委任、审查、派遣、任免和管理会计人员。会计人员脱离企业，成为政府管理企业的专职人员，代表政府全面、持续、系统、完备地反映企业运转，并以此实现直接监察的目的。

（一）企业会计委派制的特点

1.专业性

从委派人员的任职资格和工作职责来看，只有具备相应的专业技能，才能胜任委派的工作，才能进一步改进被委派单位现有的会计和财务管理体系，提高工作效率，规范会计基础工作。

2.权衡性

由于受委派人员代表委派部门监督被委派单位的会计行为和经济活动，并在业务上受被委派单位领导直管，这种身份的特殊性导致被委派人员在面临监管者与经营者的立场无法取得一致时，就迫使委派人员需就事项的矛盾性作出一个公正的权衡性选择，既要保证作出的决定能真实、恰当地反映出企业当前的财务状况和经营成果，又能通过对会计确认、计量和揭示方法的选择与运用，有效地维护和提高企业自身的经济效益。可以说，委派人员在行使其职权的过程中始终处在一个比较和权衡的过程中。

3.制约性

委派权的行使受多方面因素的制约。比如委派人员后期管理实时跟进不足或派驻单位支持不够，公司内部控制的设计和运行的有效性存在缺陷，均会制约委派人员行使职权。

（二）企业会计委派应遵循的原则

从实施会计委派制的目的来看，会计委派制必须遵循一定的原则。

1.独立原则

从财务部门承担的工作职责来看，只有不盲目依从企业领导者的意见，从专业性的角度坚持应有的职业判断，正确决策，才能保持财务工作的独立性。

2.协作原则

无论是目前公司并购后的财务整合，还是企业内部控制建设的层层推进，财务作为其中的一个模块，其各项工作的开展均需要得到公司内部各职能部门的支持与配合。财务工作的独立性仅体现为运用正确的计量方式反映每一笔经济事项的真实性，其监督职能也只是为了更好地规范各种不合规的经济行为，并不表现为一种制约其他部门的权力。因此，只有相互协作、相互配合，才能使委派人员在一个和谐的工作氛围中有效地行使监管职能。

3.沟通原则

如何保持企业并购后财务信息的有效传递，如何提升企业预算编制的整体水平，这都要求企业领导者赋予会计委派者一个新的工作职责，即建立沟通制度。也就是说，作为监管者，只有充分了解被派驻单位的具体情况，与分管营销、产品设计、生产部门等的人员充分沟通，才能编制出对公司的生产经营具有指导意义的公司预算，才能使公司的成本管控落到实处，才能使公司的财务分析报告为公司经营者的决策提供数据上的参考依据。

（三）企业会计委派制得以有效实施的方法和途径

1.树立服务意识，提高委派人员的综合素质

随着专业化程度的分工越来越细，各行各业对人才的需求也越来越具体。从单位人事部门制定的岗位说明书来看，不仅有明确的年龄要求，还有更多的是对招聘人员整体素质的要求。委派会计人员作为会计队伍中较为优秀的财务人员，不仅要精通具体的会计业务，懂得会计法规，还要具备相应的管理才能，能够指导被派驻单位制订切实可行的经营计划，协助经营者在投融资决策等重大的经济事项中作出正确的选择。委派人员只有做好必要的服务工作，与企业高层领导和其他管理者交换信息，建立有意义的关系，才能在日常工作的开展中得到尊重与认可，才能真正起到监督防腐的作用。

2.明确单位负责人的会计责任主体地位，保障会计监督能够有效实施

任何工作的推进，若得不到组织给予的必要支持，就一定得不到贯彻和落实。会计委派制作为监督被派驻单位的具体经济行为的一种管理方式，若没有相应的保障机制来维护其依法行使会计监督和管理的职能，最终也只能落得流于形式。只要明确了单位负责人在经济事项中应该承担的责任，将报酬与业绩紧密地结合，那么违法违规甚至是腐败的行为必将得到遏制，这样会计委派制的初衷也就会在领导的自觉行为中得到有效实施。

3.会计委派人员应当有明确的价值取向

会计委派人员为了保持其自身的价值，必须做到如下方面：要建立持续教育和终生学习的信念，而不仅仅是通过资格认证；要保持自身的竞争力，能够熟练并有效率地完成工作；应恪守职业道德，坚持会计职业的正直及客观性。

4.积极推行信息技术环境下会计信息系统的运用

由于信息技术的应用彻底改变了传统会计工作者的处理工具和手段，将会计人员的工作重心通过自动化的方式从大量的核算中解脱出来，因此，会计人员不再仅仅是客观地反映会计信息，而是要承担起企业内部管理员的职责。从事中记账算账，事后报账转向事先预测、规划，事中控制、监督，事后分析及决策的一种全新的管理模式。作为会计委派人员，应将注意力更多地集中到分析工作上，而不只是提供会计和财务数据，其作用更多地体现在通过财务控制分析参与企业综合管理和提供专业决策，从而使会计信息实现增值和

创造更高的效能，真正达到监督和管理的目的。

为了维护企业会计委派制能够得到有效实施，除了从社会环境即法的角度加以保障外，还要从人的层面将其落实到位。也就是说，一方面在于委派人员自身所具备的职业素养能够在各种环境下胜任并提升委派工作，另一方面在于被监管企业的领导恪尽职守，知法守法，在实现企业价值最大化的过程中，用开放的心态接受委派人员，且用人不疑。

二、财务总监制

财务总监制是国家按照所有者身份，因对国有企业有绝对控股或者有极高的控制地位，对国有大中型企业直接派出财务总监的一种会计管理体制。执行此制度时，国有资产经营公司或国有资产管理部门调遣的财务总监有权依照法律对国有企业的财务状况开展专业的财务监督。

（一）合法性分析

随着改革开放和与世界经济交往的不断加深，财务总监制由国外引入中国，为我们所熟悉。目前我国现有的相关法律法规并未涉及财务总监，从有关的法律法规分析来看，财务总监不同于一般的会计机构负责人和会计主管人员，而是属于公司决策层人物，需由董事会任免；母公司向子公司委派财务总监没有违反相关法律规定。

1.财务总监不同于会计机构负责人和会计主管人员

各单位应当根据会计业务的需要，设置会计机构或者在有关机构中设置会计人员并指定会计主管人员。会计机构负责人、会计主管人员任免，应当符合《会计法》和有关法律规定。此处的会计机构负责人和会计主管人员（现实中如会计主管或财务部门经理等）是财会职能部门的领导者，他们主要负责企业日常具体财会核算活动（这些活动贯穿于确认、记录、计量和报告的四个环节当中），属于企业的中层管理者。而财务总监则不一样，他们应该是企业的高层人员，进入决策层，主要从企业全局角度进行战略管理和价值管理。

尤其是在国外，财务总监同CEO（首席执行官）一道为股东服务，广泛地活动于战略规划、业绩管理、重大并购、公司架构、团队建设以及对外交流等领域，而不再从事日常会计财务工作和具体的基本核算。

2.财务总监相当于总会计师

国有和国有资产占控制地位的大、中型企业必须设置总会计师。总会计师的任职资格、任免程序、职责权限由国务院规定。总会计师是单位行政领导成员，协助单位主要行政领导人工作，直接对单位主要行政领导人负责；会计人员的任用、晋升、调动、奖惩，应当事先征求总会计师的意见。财会机构负责人或者会计主管人员的更迭，应当由总会计师进行业务考核，依照有关规定审批。由此可见，总会计师是主管本单位财会工作的行政领导，而不是会计机构的负责人或会计主管人员，全面负责财会管理和经济核算，参与单位的重大决策和经营活动，是单位主要行政领导人的参谋和助手。如果不考虑企业的所有权性质，一般企业中的财务总监的地位、作用和职责很大程度上类似于国有企业中的总会计师。

3.财务总监由公司董事会任免

董事会可以"决定公司内部管理机构的设置"和"决定聘任或者解聘公司经理及其报酬事项"，并根据经理的提名决定或者聘任公司副经理、财务负责人及其报酬事项。很明显，财务负责人和副经理相提并论，地位可见一斑，所指绝非一般的会计机构的负责人和会计主管（虽然有时在岗位设置上财务负责人可以兼任会计机构负责人或会计主管），而更倾向于财务总监这一角色。由于母公司对子公司的绝对控制，经由子公司股东大会投票选举出的子公司董事会实际上是由控股股东母公司决定产生的，继而子公司董事会若要任免财务总监，肯定要遵从母公司的意见。而母公司直接向子公司委派财务总监，只不过省略了"经由董事会通过"这一环节罢了，最终结果还是一样的，并且没有违反《中华人民共和国公司法》的规定。

（二）合理性分析

1.理论分析上合理

根据委托代理理论，企业内的母公司作为子公司的控股股东，其和子公司的管理层之间属于委托代理关系。委托人母公司将资源分配给代理人子公司，并由其掌控支配：子公司在一定时期内负责资源的保值增值，并向公司汇报其使用资源的情况。但是，母子公司之间常存在信息不对称、风险不对称和利益目标函数不相同的现象，因此，母公司通常会派出财务总监对子公司的财务工作进行监督和控制，以维护企业的整体利益。财务总监委派制度的内在机理正是反映了委托代理理论的要求。这种委托代理理论关系实际上划分了两层：一层存在于母子公司之间；另一层存在于母公司与委派的财务总监之间。这也是对企业法人治理结构的一种完善，符合现阶段客观经济环境的要求。

2.实际操作上合理

母公司对子公司的控制力，最主要是体现在对其财务的控制上。母公司实现这一目标的途径就是向子公司委派财务总监，进入该公司的决策层，对子公司的财务决策做到事前监督、事中控制和事后反馈，并及时向母公司汇报情况。对母公司而言，只需派出一个能胜任的职员，就可加强对子公司的控制和监督，减少代理风险，避免给企业带来巨大损害，可谓"一夫当关，万夫莫开"。当然这个具备胜任能力的合格人选既可以从内部推荐

选拔产生，也可以通过市场公开招聘录用产生，在实际操作上完全行得通。并且所耗费的成本费用，相对于其所带来的经济效益是微不足道的，符合成本——费用原则。

（三）应该注意的问题

1.被委派者的胜任能力和道德品质

被委派者的胜任能力和道德品质主要包括专业胜任能力（精通财会、税务和法律等方面知识，具备丰富的财会从业经验等），管理胜任能力（如统筹规划、沟通协调、团结激励等）和职业胜任的品德（如独立公正、不徇私舞弊、恪守诚信等）。被委派者只有具备了这些能力和品德，才能担当重任，监督和控制子公司的财务行为，让母公司放心。

2.职责权限和约束机制

基于双重代理理论，被委派的财务总监应当向母公司汇报子公司管理层的财务状况和经营成果，但不能任命子公司的最高管理层。同样，子公司也担负着向母公司汇报财务状况和经营成果的责任。在这种情况下，财务总监行使职能时不能对子公司过多干预，影响子公司的正常经营活动。子公司可以通过设立相关机构（如审计委员会）来监督和约束被委派财务总监的权力，使得子公司和被委派财务总监之间形成相互的监督与被监督的权力制衡机制。如果两者产生分歧和矛盾，最终裁定权应该在母公司手里，由母公司从整体利益的角度来作出适当的决策。

3.薪酬管理体制

目前，我国企业对外委派的财务总监的薪酬大多由被派入企业——子公司自行决定，或者由派出者——母公司发放基本工资，奖金津贴由子公司发放。这种薪酬体制使得被委派的财务总监与子公司存在很强的利益相关性。根据委托代理理论，被委派的财务总监的主要职责就是代表母公司对下属控股公司进行经济监督和控制，他所服务的对象是委托人——母公司，而非受托人——子公司，理应由母公司根据考核的绩效对被委派的财务总监支付薪酬。因此，被委派的财务总监的薪酬体系只有让母公司统一管理，才能从体制上彻底解决被委派的财务总监和子公司利益相关的问题，实现其真正的独立。这样做，对于企业整体来说，成本略高一点，但却大大降低了被委派的财务总监和子公司合谋共同侵害母公司利益事件发生的概率，相当于是为未来可能产生的风险损失购买了一份保险，是值得的。

4.岗位定期轮换

尽管实行薪酬管理体制，仍不可完全避免被委派的财务总监与子公司管理层之间的合谋。当财务总监通过合谋获得的收益大于母公司支付的报酬，他就可能铤而走险。而且，母公司不可能随时关注子公司，因此这种合谋行为通常不易被母公司发觉，有时即使被发觉也很可能为时已晚，会给母公司带来巨大损失。因此，有必要对被委派的财务总监实行岗位定期轮换，这样可以在很大程度上杜绝合谋事件的发生。多久轮换一次，则要视情况而定。

5.对子公司和被委派财务总监的审计监督

在财务总监被委派到子公司的任期里，根据双重委托代理关系，母公司不但应对子公司的财务经营活动状况进行内部审计，而且应该对被委派的财务总监进行离任审计，以便客观、公正地评价财务总监的工作情况，防止财务总监对子公司的会计财务违法行为不抵制、不报告，甚至与子公司合谋来侵害母公司的利益。

三、稽查特派员制

此制度不仅有效督促国有企业中总会计师组织的形成和权力的合理应用，而且稽查特派员是由国务院派出的，他们不对企业经营活动进行干涉，其职责是代表国家对企业实施财务监督。最后，将监督后的财务状况进行分析，对企业执政方式和经营业绩作出评价。

（一）稽查特派员制的基本特征

①与所查企业完全独立，这样一方面实现了国家对企业的监督，另一方面又不干扰、束缚企业自主权的充分发挥，真正做到政企分开，意味着国家对企业监管形式发生根本性的转变。同时，为保证稽查的客观公正，对特派员实行定期岗位轮换制度。

②稽查特派员的主要职责是对企业经营状况实施监管，抓住了企业监督的关键。

③稽查与考察企业领导人的经营业绩结合起来，管住企业的领导，也就管好了企业的会计，做到了从对企业会计人员的直接管理向间接管理转变。

④国家从国有重点大型企业里所获得的财税收益，同实行稽查特派员制度的开支相比，符合成本效益原则。

（二）稽查特派员制的必要性

稽查特派员制的一个重要突破是把对领导人奖惩任免的人事管理与财务监督结合起来，迫使企业领导人从其切身利益出发，关注企业的财务状况和经营成果，真正体现业绩考核的基本要求。建立稽查特派员制是一项长远的制度安排，是转变政府职能、改革国有企业管理监督制度和人事管理制度的重大举措，也是实现政企分开的举措。因为稽查特派员只是拥有检查权、评价权以及向国务院及其有关部门的建议权，并不拥有任何资源，也不履行任何审批职能，不会导致新的政企不分；恰恰相反，稽查特派员制是政企分开后体现所有者权益的必备措施，即在实行政企分开，放手让国有企业自主经营的同时，强化政府对企业的监督。

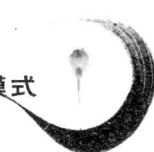

（三）稽查特派员制存在的问题

稽查特派员制还存在以下一些问题。

1.稽查特派员制很难消除国有企业的"内部人控制"现象

"内部人控制"产生的直接原因是所有者与经营者之间的信息不对称。然而，按照稽查特派员制度的纪律要求，稽查人员不得对企业的经营决策发表任何意见，也不得提出任何建议，不参与、不干预企业的任何经营活动，这就意味着稽查特派员无法及时了解企业生产经营活动过程，无法正面了解企业经营者在指挥、控制和重大决策方面的表现，那么他凭什么对企业经营者进行财务监督与业绩考核呢？依据恐怕只有企业提供的会计信息了。此时，会计人员与经营者的隶属关系并没有改变，会计人员的职务升迁、工资待遇仍然由经营者支配，会计人员与经营者合谋歪曲会计信息、共同欺骗特派员的可能性依然存在。因此，稽查特派员制度很难消除国企普遍存在的"内部人控制"现象。

2.稽查特派员制度仍依赖于政府至高无上的行政权力

为了保证稽查特派员的公正廉洁，政府对稽查特派员的选拔和培训是严格的。然而，在市场机制下，符合经济规律的稳定制衡机制应该更多地依靠利益相互制衡、而不是靠行政手段赋予某一方更大的权利。稽查特派员对企业经营者的监督，并不存在直接的利益驱动因素，其完全是一种行政职责。他要关注的是经营者是否具有损害国家利益的行为，而不是如何实现国有资产的保值与增值、如何提高企业经济效益，因为其自身利益并不与企业利益联系在一起，也就是在特派员、经营者和所有者之间并没有形成一个相互制约的利益制衡机制，这样执行的结果很可能导致特派员稽查乏力、形同虚设，也不排除特派员被经营者收买、合谋欺骗所有者的可能。

3.稽查特派员制度只是一种事后监督

稽查特派员制度真正具有威慑力的方面在于特派员有权对企业经营业绩作出评价，并对企业主要领导干部的奖惩任免提出建议，这对任何一个理性的经营者来说，确能形成持续的外部压力，促使其在工作中尽职尽力、恪尽职守。但对于非理性的或低能的经营者来说，这一监督机制事前控制能力差的弱点将会给国家利益带来巨大危害，因为它不重视过程监督，只重视结果考核；往往要等到企业巨额亏损形成后才能发现问题，更换经营者。这种"亡羊补牢"的做法较之没有特派员、任凭经营者胡作非为固然是一种进步，但对已造成的经济损失也只能是"望洋兴叹"了。

稽查特派员制度作为我国国企改革转型期的特殊政策，在严格选拔和任用特派员的基础上。对于影响国计民生的特大型国有企业，能在一定程度上起到加强监督的作用，但其高昂的监督成本和忽视事前、事中监督的固有缺陷，决定了它不宜普遍推广。

第三章　税收原则与效应

第一节　税收概论

一、税收的概念和特征

（一）税收的概念

税收是国家为了满足社会公共需要，凭借公共权力，按照法律所规定的标准和程序，参与国民收入分配，向居民和经济组织强制、无偿地取得财政收入的一种方式。

对税收的概念，具体可以从以下四个方面进行分析和理解。

1.税收是国家财政收入的一种形式

国家财政收入可以有多种形式，除税收外，还有债务收入、规费收入、国有企业上缴利润和发行货币收入等。国家通过征税取得收入，一是不会凭空扩大社会购买力从而引起通货膨胀；二是政府不负担任何偿还责任，也不必为此付出任何代价，不会给政府带来额外负担；三是税收是一种强制征收，国家可以制定法律向其行政权力管辖范围内的个人和经济组织课征一定数额的税款，可以为国家财政支出提供资金来源。因此，税收是国家财政收入的主要形式。

2.税收分配的目的是满足社会公共需要

执行公共事务、满足社会公共需要是国家的主要职能，包括提供和平安定的社会环境、保持良好的社会秩序、兴建公共工程、举办公共事业等。这些均是社会生产和人民生活所不可或缺的外部条件，税收分配的目的正是满足这些社会公共需要。国家在履行其公共职能的过程中必须要有相应的人力和物力消耗，形成一定的支出。但是，国家本身通常不直接占有生产资料，也不直接从事生产劳动，因此，这些支出只能靠税收的形式最终由居民和经济组织来负担。

3.国家征税的依据是政治权力

行使征税权的主体是国家。国家一般具有双重身份，它既是社会公共品的提供者，又是公共财产的所有者。因此，国家能够凭借政治权力和财产所有权取得财政收入。在财产

归属国家所有的前提下，国家对其拥有的财产凭借所有权取得财产收益，如国有企业上缴利润。国家凭借政治权力，也就是行政管理权，可以对其行政权力管辖范围内的个人和经济组织征税，以满足社会公共需要。

4.税收必须符合法定标准

税收是国家为了满足社会公共需要而向居民和经济组织征收的财政收入。税收只有按照法定标准，通过法律形式，才能使社会成员在纳税上得到统一。由于征税会使国家与纳税人之间发生利益冲突，因此，国家只有运用法律，才能把税收秩序有效地建立起来，才能保证及时、足额地取得税收。

（二）税收的特征

税收的特征是税收的基本标志，是不同的社会形态下税收所具有的共性，是税收与其他财政收入的重要区别。税收与其他财政收入方式相比，具有强制性、无偿性和固定性三大特征，也就是人们通常所说的"税收三性"。

1.税收的强制性

税收的强制性是指国家凭借政治权力，以法律形式确定征纳双方的权利义务关系。

税收的强制性包括两层含义。

第一，税收分配关系是一种国家和社会成员必须遵守的权利义务关系。国家履行了公共职能，提供了社会成员共同需要的生活和生产条件，以维持社会的发展和社会再生产的正常进行，享受或消费国家提供的公共产品是每一个社会成员的平等权利。作为这种权利的对应，就是每一个社会成员都有义务向国家缴纳一部分社会产品，分担一部分社会费用。社会成员承担公共需要的社会费用只能通过由国家规定社会成员义务缴纳的办法来解决。所以，征税是国家的权利，纳税是每一个社会成员应尽的义务。

第二，国家借助税法来保证税收征收的实现。就征税者而言，法律规范是国家征税权的后盾，当出现税务违法行为时，国家就可以依法进行制裁。就纳税人而言，一方面要依法纳税，另一方面纳税人的合法权益将得到法律的保护。税收征收的强制性以其分配关系的强制性为基础，没有税收分配关系的强制性，也就不存在以税法为表现形式的强制性。

2.税收的无偿性

税收的无偿性是指国家征税以后，税款即归国家所有，既不需要直接归还纳税人，也不需要向纳税人支付报酬或代价。

税收的无偿性是由社会费用补偿的性质决定的。公共需要的设施和服务大多是社会成员共享的，社会成员从中得到的利益无法直接计量，这就决定了国家对社会成员提供的公共服务只能是无偿的。相应地，国家要筹集满足公共需要的社会费用，也只能采取无偿的形式。

税收无偿性的特征是针对具体纳税人而言的。也就是说，国家征税不是与纳税人进行利益的等量交换，国家不需要对某个纳税人提供相应服务或给予其某种特许权利，而是纳税人无偿向国家纳税。税款缴纳之后即转归国家所有，不再直接归还某个纳税人，是一种所有权的单方面转移。但从国家与全体纳税人的一般性利益关系来看，国家在履行其职能过程中为全体纳税人提供了和平安定的环境、良好的社会秩序和便利的公共设施等各种服务，由社会全体成员共同享用，从这个意义上讲，税收又具有整体有偿的特点，即税收是国家对全体纳税人的一般利益的返还，而不是对某个纳税人直接、个别利益的返还。

3.税收的固定性

税收的固定性是指国家通过法律形式预先规定了征税对象和征税标准。征税对象和征税标准确定以后，征纳双方要共同遵守，不能随意变动。

税收的固定性包括两层含义。

第一，税法具有相对稳定性。税法一经公布实施，征纳双方要共同遵守。纳税人只要取得了应税收入、发生了应税行为或者拥有了应税财产，就必须按照预定标准如数缴纳税款。同样，国家对纳税人只能按预定的标准征税，不能任意降低或提高预定的征收标准；并且，作为征税主体的国家有义务保证税法在一定时期内相对稳定，不能朝令夕改。

第二，税收的征收数量具有有限性。国家税款不能随意征收，征税对象与税款数额之间的数量关系是有一定限度的。在无偿性、强制性存在的前提下，税收只能按照事先规定的、国家与纳税人在经济上都能接受的标准有限度地征收。

对税收固定性的理解不能绝对化，随着国家政治、经济形势的发展变化，征税的对象、范围和征收标准不可能是固定不变的。不过，税收制度的改革和调整必须通过一定的法律程序，以法律、法规的形式予以确定。新的税收制度应在一定时期内稳定不变。

税收的三个特征是一个统一的整体，三者既有各自的内涵，又互相联系、互相依赖。税收的无偿性必然要求征税方式的强制性，税收的强制性是其无偿性和固定性得以实现的保证，国家财政的固定需要决定了税收必须具有固定性，税收的固定性也是税收的强制性的必然结果。

二、税收的产生和发展

（一）税收的产生

1.税收产生的条件

税收既是一个分配范畴，也是一个历史范畴。税收的产生和存在取决于两个条件：一是国家的产生，这是税收产生的社会条件；二是财产私有制度的产生，这是税收产生的经济条件。这两个条件互相制约、互相影响。

国家的产生是税收产生的社会条件。一方面，税收是国家实现其公共职能的物质基础，只有出现了国家之后，才产生了为满足国家政权履行其职能而征税的客观需要；另一方面，税收是以国家为主体、以国家政治权力为依据的特定产品分配。只有产生了国家，才有征税的主体——国家，才有征税的依据——国家的政治权力，从而使税收的产生成为可能。没有国家的存在就没有税收，国家是税收产生的必要条件。

税收的产生除了取决于国家的产生这一前提外，还取决于一定的客观经济条件，即普遍的财产私有制度。税收是社会再生产中的一种分配形式，属于经济范畴，它的产生必然有其内在的经济原因。税收是国家凭借政治权力而不是财产权利进行分配的，在生产资料归国家直接占有的情况下，国家就可以凭借财产所有权而不是利用税收这种强制、无偿的分配形式来取得财政收入。当社会上广泛地存在着土地及其产品归私人占有的制度时，每个财产所有者都是独立的经济利益主体，国家不能直接参与其产品的分配，而拥有政治权力的国家又需要将一部分不属于国家所有的社会产品转变为国家所有，归国家支配，在这种情况下，国家才有必要采用税收这种分配方式，从而令的财产私有制成为税收产生的经济条件。

2.我国税收的产生

随着生产力的发展，土地私有制逐渐形成。"初税亩"是我国历史上一项重要的经济改革措施，它首次以法律形式承认了土地的私有权和地主经济的合法地位。"初税亩"赋税制度的建立顺应了土地私有的发展趋势，促进了社会生产力的发展；同时，它也是我国税收从雏形到完全形态的重要标志。

（二）税收的发展

随着社会生产力的发展，税收经历了从简单到复杂、从低级到高级的发展过程。税收的征收形式、法制程度、税制结构、税收地位和作用等几个方面能够充分地反映税收的发展情况。

1.税收名称的发展变化

税收在历史上曾经有过许多名称，特别是在我国，税收历史悠久，名称尤为繁多，使用范围较广的主要有"贡""赋""租""税""捐"等。"贡"和"赋"是税收的起源，"贡"是向王室进献的珍贵物品或农产品，"赋"则是为军事需要而征收的军用物品。"税"这个名称始于"初税亩"，是指对耕种土地征收的农产品，即所谓的"税以足食，赋以足兵"。我国历史上对土地征收的赋税长期称为"租"，"租"与"税"混用，统称为"租税"，直至唐朝后期才将对官田的课征称为"租"，对私田的课征称为"税"。"捐"这个名称早在战国时期已经出现，但长期以来是指为特定用途筹集财物，带有自愿性，在当时实际上还不是税收。自明朝起，捐纳盛行，而且带有强制性，成为政府经常性财政收入，以至"捐"与"税"难以划分，故统称为"捐税"。由此可见，税收在名称上经历了由非税名称向税收名称发展的过程。

2.税制结构的发展变化

税制结构的发展变化体现在各个社会主体税种的演变方面，大体可以划分为以下四个阶段。

（1）以古老的直接税为主体的税制结构

在自然经济条件下社会，由于农业经济的特点，只能实行以古老的直接税为主的税制结构。古老的直接税不考虑个人的负担能力，以人头、土地为依据征收人头税。

（2）以间接税为主体的税制结构

随着资本主义工商业的发展，逐渐形成了从以古老的直接税为主向以间接税为主的税制结构的转变，即由人头税向商品税转变。商品税不考虑商品生产经营者的负担能力，而以商品销售额或商品销售量为依据征税。

（3）以现代直接税为主体的税制结构

随着现代经济的发展，税制结构进一步由以间接税为主的税制结构向以直接税为主的税制结构转变，即由商品税向所得税转变，主要是向充分考虑个人负担能力的个人所得税转变。

（4）现代直接税和现代间接税并重的税制结构

世界各国的税制结构正进一步向建立现代直接税和现代间接税并存的税制体系发展，即向建立以增值税为主要特征的间接税和以个人所得税为主要特征的直接税方向发展。随着现代经济社会的发展，增值税和个人所得税适应了市场经济对税制的要求，有利于保护本国工业的地位，增强国际竞争力，形成相对合理的税制结构。

由此可见，税收在税制结构上经历了由以古老的直接税为主体向以间接税为主体，并由以传统间接税为主体向以现代直接税为主体或以现代间接税为主体的发展过程。

3.税收地位和作用的发展变化

税收不但是国家主要的收入来源，而且是国家调节经济的重要杠杆。但在运用税收对经济进行调节方面，不同的时期，税收发挥的作用有所不同。随着商品经济的发展，社会进入自由竞争时期，市场竞争和价值规律像一只无形的手，自动地支配和调节社会经济运行，国家一般采取"自由、放任、不干预"的政策。随着社会经济由自由竞争向垄断竞争发展，市场在资源配置、收入分配和经济稳定方面的缺陷和矛盾日益突出，经济危机频繁出现，人们开始重视运用财政、税收和信贷手段来干预和调节经济，从而使税收在经济运行中的地位越来越高。由此可见，税收在地位和作用上经历了从忽视其对经济的调节作用向重视其对经济的调节作用的发展过程。

（三）税收的职能

税收的职能是指由税收本质所决定，内在于税收分配过程的功能。它是税收的一种固定的属性，在任何社会制度下，税收所固有的这种特定的功能都是同样存在的，只是社会制度不同、经济体制不同，税收的职能受客观经济条件的制约，所体现的重点和包含的具体内容有所不同。

税收有四个主要职能，分别为筹集资金职能、资源配置职能、收入分配职能和宏观调控职能。

1.筹集资金职能

税收的筹集资金职能是指税收所具有的从社会成员处强制性地取得一部分收入，为满足政府提供公共品和服务所需资金的功能。它是税收最基本的职能。

在现代经济社会，为履行政府职能而筹集资金的手段除税收以外，还有公债、利润上缴、专项基金、规费等多种形式。但公债、利润上缴、专项基金、规费等形式都难以为政府提供公共品和服务筹集持续、稳定、足额的资金，只有税收才能担当为政府提供公共品和服务筹集持续、稳定、足额资金的职能，从而使税收成为最主要的财政收入形式。

税收所承担的筹集资金的职能源于政府向社会成员提供公共品和服务以满足社会公共需要。公共品的特征决定了政府提供公共品无法通过价格得到补偿，而必须通过税收进行价值补偿。同时，税收所具有的筹集资金的职能也源于税收是政府运用行政手段，通过税收法律形式，强制性征收，具有以政治权力为依据、以法律制度为保证的特点，从而使税收的筹集资金职能得以实现。

2.资源配置职能

税收的资源配置职能是指税收所具有的，在市场对经济资源进行基础配置的前提下，通过税收政策和制度对经济资源在公共部门、私人部门以及不同的私人部门之间进行重新组合、安排的功能。

税收对资源的有效利用会产生一定的影响，其能够转移资源的用途。如果税收使资源从最有效的用途中转移出来，就称为资源的"无效配置"。如果税收将资源转移到政府部门，政府部门的支出所得等于或大于这些资源用于私人部门的所得，就称为资源的"有效配置"。在国家筹集资金的过程中，税收将资源从私人部门转出。假定这些资源在私人部门中已作有利用，那么转移资源的首要问题是不干扰或尽可能少干扰私人部门中的资源配置。如果资源在私人部门中不是有效配置，那么就可以有目的地运用税收去改变资源的配置，以纠正市场的不完全，尽可能地促使市场更有效地运转。

3.收入分配职能

税收的收入分配职能是指税收所具有的影响社会成员收入分配格局的功能。

收入再分配的方法有多种，如最低工资制度、农产品价格维持制度等，但最理想的是通过税收，即向富者征收较多的税收，并将其用作各种社会保障。税收对收入的再分配产生的摩擦比其他方法小，即对市场经济的干预程度小；同时，税收的收入再分配效果会涉及所有社会成员。

税收的收入分配职能可以在纳税人中恰当地分配税收。不同税种和税率的选择在一定程度上能改变纳税人的收入结构和水平。例如，对个人收入征收所得税会减少个人可支配收入，既降低了个人收入水平，又调整了个人收入结构，因而会影响个人收入分配差异。所得税对个人收入分配的影响主要通过累进税率实现，累进税率随个人收入的增加而递增，对低收入者按比较低的税率征税或不征税，对高收入者则按比较高的税率征税。又如，对企业销售商品取得的收入或对个人购买商品所支付的金额征收商品税，在商品税由消费者负担的情况下，既降低了个人购买能力，也调整了个人消费结构。

4.宏观调控职能

税收的宏观调控职能是指税收所具有的，通过一定的税收政策、制度，影响社会经济运行，促进社会经济稳定发展的功能。

税收的宏观调控职能主要通过调节需求与供给来实现宏观经济的平衡。当经济萎缩时，可通过减轻税收负担与增加政府支出来谋求增加私人部门的可支配所得，刺激投资与消费；当经济膨胀时，可通过增加税收负担、缩小减税规模，并削减政府支出，以谋求减少私人部门的可支配所得，抑制投资与消费。

第二节　税收的原则

一、税收效率原则

税收效率原则是税收原则的核心，因为税收效率原则影响着生产力的发展，而只有生产力发展了，经济效益提高了，税收才能有充足的税源，财政原则的贯彻才能有物质前提；同样，只有经济发展了，税收公平原则才有实际意义。

税收效率原则是指国家征税要有利于资源的有效配置和经济机制的有效运行，以提高税务行政的管理效率。税收效率原则包括税收经济效率原则和税收行政效率原则两个方面。

（一）税收经济效率原则

税收的经济效率就是充分发挥税收的经济调节作用，优化资源配置，旨在考察税收对经济资源配置和经济运行机制的影响状况。

1.经济效率

经济效率即资源配置效率，是指在经济资源稀缺的条件下，如何充分利用资源，使资源得到最有效、最合理的安排，以最少的资源投入取得最大的经济效益。资源的有效利用程度要以生产者达到的产量使消费者得到的满足程度来衡量。

经济效率一般以帕累托效率来表示。如果资源的配置和使用已经达到这样一种状态，即任何资源的重新配置已不可能使一些人的境况变好而又不使另一些人的境况变坏，或者说，社会分配已经达到这样一种状态，任何分配的改变都不可能使一些人的福利增加而不使其他人的福利减少，那么，这种资源配置已经使社会效用达到最大，这种资源配置状态就被称为"资源最优配置状态"或"帕累托最优"。

根据帕累托效率的定义，只有同时满足交换最优、生产最优、交换和生产结合最优这三个条件，经济资源的利用才是最有效的。实现帕累托效率必须具备两个条件，即经济处于完全竞争，并且不存在外部经济的影响；也就是说，只有在完全竞争市场，且没有外部经济影响的条件下，才能达到资源配置最优。

与资源配置最优状态相联系的是资源配置效率的改进。如果生产资源在各部门之间的分配和使用处于这样一种状态，当生产资源重新配置时，不使任何人受损，却使一些人受益，那么，这种资源重新配置就是一种效率的提高；或者生产资源的重新配置使一些人受损，但使另一些人受益，只要那些人的受益大于这些人的受损，那么，这种资源重新配置也可以视为一种效率的提高。

2.税收对经济效率的影响

在完全自由竞争的市场中，生产者按照市场价格调整其产量，直至边际成本与价格相等，生产者可以获得最大利润，消费者可以得到最大效用。因此，价格信号所引导的产量能够使消费者得到最大满足，资源可以得到最有效的利用。但是，税收造成了价格的扭曲，使生产者得到的价格低于消费者支付的价格，这样，价格便不能真实反映边际成本和边际效用，从而损害了价格作为引导资源有效配置的信号的作用，造成了额外的经济效率损失。

3.税收经济效率原则的内容

税收经济效率原则就是通过税收实现效率目标，包括提高资源配置效率和减少效率损失两个方面。从经济效率的定义可以看出：如果社会资源配置已经处于最优状态，那么，任何资源的重新配置都是低效的或无效的；反之，如果资源配置还没有处于最优状态，那么，资源的重新配置有可能提高资源配置效率。因此，在市场对经济资源配置低效或无效的情况下，应强化税收杠杆作用，通过税收对经济资源的重新配置，提高资源配置效率；在市场对经济资源配置有效的情况下，应保持税收中性，尽量避免或减少税收对经济的干预，以减少效率损失，使税收超额负担极小化。

税收中性不仅包括税收不应使消费者遭受额外的效率损失，而且包括税收不应对一切经济活动产生影响，如对劳动、储蓄和资本形成影响。

税收超额负担是指政府税收导致纳税人的福利损失大于政府税收收入，从而形成税外负担，引起效率损失。

（二）税收行政效率原则

税收行政效率原则是指国家在充分取得税收收入的基础上使税务费用最小化。其标准为税收成本占税收收入的比重最小，即税收的名义收入与实际收入的差额最小。

1.税收成本

税收成本就是在实施税收分配的过程中所发生的各种有形或无形的耗费，按行为主体及其相关影响，可分为征收成本、纳税成本和社会成本；从影响范围考虑，又有广义和狭义之分。广义的税收成本包括征收成本、纳税成本、社会成本和经济成本，狭义的税收成本一般是指征收成本。

征收成本是指税务部门实施税收政策、组织税收收入所投入的各项费用，如人员工资、公用经费、财产购置费、基建经费和税务事业费等各项费用，具体表现在税务工作全过程中的各项费用。征收成本也可称为"税收行政成本"。

纳税成本是指纳税人为履行纳税义务所付出的代价。纳税成本有直接纳税成本和间接纳税成本之分。直接纳税成本是指纳税人为履行纳税义务而发生的人、财、物的耗费，如纳税人按照税法进行税务登记、核算、申报、缴纳税款、账务处理、发票管理、聘用税务师和律师代理涉税事宜等费用。间接纳税成本是指纳税人在履行纳税义务过程中所承受的精神负担、心理压力等。

社会成本是政府各部门、团体等为协助制定、维护、执行税收政策而耗费的各项费用。税收是一个涉及面很广的分配范畴，需要政府各部门及单位的支持和配合，税收社会成本（又称"社会奉行成本"）是必要的，也是必不可少的。

经济成本是指在实施税收政策和征管措施的过程中对经济资源所造成的效用损失。这种对经济资源配置的干扰从广义上讲也是一种税收成本。

广义的税收成本概念是在狭义的税收成本概念的基础上，随着经济的发展和人们认识的提高而逐步形成的，其四个方面的内容是循序渐进、相互影响又相互统一的，其中，最早、最主要、最表象的是税收征收成本。

2.影响税收成本的主要因素

（1）税收制度

①税制的复杂性

一套极复杂的税制在征收管理方面一定会面临无法绕过的障碍，税制由于不具备可行性而使征税成本高昂。税制的复杂性与税制本身所包含的差异性特征相联系，这种差异性一般来自基于纯粹的经济管理所要求的税收工具必须具备的特征。税收工具，如税种的性质（是交易额还是所得额）、税种的数量、税率的形式（是累进性的还是比例性的）纳税人的分类（区别对待）等，都是直接造成税制复杂性和征收管理困难的因素。税制本身包含的区别对待的特征越多，税法的漏洞就越多，征收管理越不可行，征税成本就越高。

②税基的可监测度和信息限制

税基越是易于监测，政府就越易于对税源进行控制，征税成本也就越低。税基易于监测，即要求税基具有较强的可观察性且易于测度。各类税基的可监测度有很大的差异。具有现实交易基础的税，其税基最易于监测，如商品税的税基；劳动所得、利息和股息所得征收的所得税由于具有接近于商品税的现实交易基础，其税基监测也较为容易；赠予税和遗产税的税基的可监测性稍弱；缺乏现实交易基础的税的税基最难监测，如财产税、企业所得税，这类税实际上是以假设的交易而不是现实的交易为基础的，而实际使用的税基与假设存在现实交易所应有的税基之间往往存在较大的偏离，从而使税基易于遭受侵蚀。

税基越易于监测，所受的信息可获性方面的限制越少，征税成本就越低。所得税要得到准确的税基需要掌握大量信息，因此，要全面而准确地反映纳税能力并在此基础上按能力标准征税是十分困难的。当然，在现代社会中，政府具有更强的获取必要信息的能力，故一些税基较难监测的税（如企业所得税）也能在现代社会中占有较重要的地位。

③税类、税种和纳税主体

一般来说，间接税较直接税的征收成本低。一次性征收数额较大的税种的征收成本较低。大企业纳税人的征税成本较中小企业的低，因此，有的国家税收征收成本低是以放弃对部分小企业或小额纳税人的管理为代价的。

（2）征管制度

①征税成本与征管手段的强硬程度正向关联

征管手段对征税成本的影响取决于征管手段自身的成本与它所带来的税收收益的相对水平。如果改变和增加征管手段带来了更多税收收益，即增加的成本小于增加的税收收入，则体现为征税成本的下降；若改变和增加征管手段没有带来税收增量收益，甚至导致税收存量减少，即增加的投入等于或大于增加的税收收入，则体现为征税成本的上升。因此，税收征管手段特别是技术手段不是越先进越好，而是要与一定的经济发展水平和人员素质相适应。

②征税成本与征管人员的素质反向关联

在所有因素中，人是最具有主观能动性的因素。征税人员的素质除基本文化素质和敬业精神外，最主要的是管理素质、协调能力和税收执法的实际操作水平。征管人员素质高，精通税法，能够熟练驾驭现代征管手段，公正、准确地贯彻税法，就可以提高征税效率、降低征税成本。

（3）税收环境

①经济发展程度和税源集中状况与征税成本反向关联。经济发展程度和税源集中状况是影响征税成本的首要非税因素，是"经济决定税收、税收源于经济"这一根本原理在税收成本分析中的应用。税源总量是征税成本的基础。经济相对发达、税源相对富足的区域，其征税成本相对较低。在税源总量既定的前提下，税源的集中化程度从整体上决定征税成本。税源越集中，征税成本就越低。

②征税成本和纳税成本与社会管理技术水平的高低反向关联，与征纳双方信息非对称性的强弱正向关联。对于一个高度发达的银行商业系统和充分的计算机管理网络，征纳双方信息非对称性较弱，一切交易与所得的信息均能随时存入和调出，税基的可监测度和可控度较强，纳税的遵从程度也较强，税务机关可以在较少的成本耗费的基础上组织税收入库，额外的税收损失较小。

③公民的税法观念和纳税习惯与征税成本、税收机会成本反向关联。一定时期的税法观念和纳税习惯具有沉淀性，因为提高公民的纳税意识和建立良好的纳税习惯需要一个过程。公众的税法观念强，对国家利益持关注态度，就能够意识到征税人员以税谋私、纳税人偷逃税是对自己利益的侵犯，并由此提出指控，给违法者施压；公众有良好的纳税习惯，对征税工作很配合，在以纳税为荣的大环境下，社会压力（因偷逃税而被他人所不齿）比对其实行法律上的惩罚影响更大，如此将大大降低征税成本。

④行政协助功能的完善程度与征税成本、税收机会成本反向关联。工商、银行、海关等机构的协税义务在法律上得到明确，其协税功能就强，较容易形成协税合力，偷逃税被发现的概率就大，征税成本就低。

二、税收公平原则

税收负担在纳税人之间的公平分配是极为重要的，因此，税收公平原则应是设计税收制度的首要原则。

（一）税收公平原则的含义

就税收制度本身来看，税收公平对维持税收制度的正常运转是必不可少的。倘若税收制度不公平，一部分纳税人看到与其纳税条件相同的另一部分人少缴税款甚至享受免税待

遇，那么，这部分纳税人会逐渐丧失自觉申报纳税的积极性，或者进行逃税、避税，甚至进行抗税。这样，税收制度就不能得以正常贯彻和执行。

税收公平原则是指国家征税要使各纳税人承受的负担与其经济状况相适应，以保证各纳税人之间的税负水平均衡，具体又分为横向公平和纵向公平。

1.横向公平

横向公平又称"水平公平"，是指经济能力或纳税能力相同的人应当缴纳数额相同的税收，即税收制度以同等方式对待条件相同的人。一般来说，横向公平较易为大家所接受，因为它涉及最基本的平等方面。税收制度不应因纳税人的人种差异等而实行歧视性待遇，只能根据其所处的经济环境来判别其是否应与他人享有同等的税收待遇。但在实践中，横向公平却较难确定，原因有两点：一是如何判断纳税人具有"相同"的经济能力，这需要有一个合理的衡量标准；二是若存在一个可供比较的标准，如何判定纳税人得到了相同的税收待遇。因此，横向公平是一个理想的目标，实现这个目标却很困难。

2.纵向公平

纵向公平又称"垂直公平"，是指经济能力或纳税能力不同的人应缴纳数额不同的税收，即税收制度如何对待条件不同的人。一般而言，纵向公平要比横向公平更为复杂，因为纵向公平不仅要判断纳税人的经济能力是否相同，而且要有某种尺度来衡量不同纳税人的经济能力，所以纵向公平应包括从原则上判定谁应支付较高的税收、确定应税方法和税基、确定不同的税率。

（二）衡量税收公平的准则

对于衡量税收公平的准则，主要有以下三种不同的观点。

1.机会原则

机会原则要求以纳税人获利机会的多少来分担税收。获利机会的多少取决于纳税人所拥有的经济资源，包括人力资源、财力资源和自然资源。持这种观点的学者认为，按照纳税人拥有的经济资源来衡量纳税人的纳税条件和分担税收，不仅符合公平原则，而且有利于经济资源的合理利用、减少资源浪费。

机会原则从理论上看是合理的，按照市场经济的要求，等量生产要素应带来等量盈利，因而应当承担相同的税负。但税收本身是价值实体，一般应当在价值创造出来之后征收。若按照纳税人所拥有或占有的经济资源来分担税负，有可能造成税收负担与价值创造脱节，毕竟纳税人所拥有的经济资源只是为其取得盈利或收益提供了一种可能性。资源的所有者或占有者能否取得相应的盈利或收益，还要受许多其他主观和客观因素的制约。从这一点来看，用机会原则来判断纳税人的纳税条件未必能使征税的结果符合公平原则的要求。此外，从实践来看，机会原则的实施会遇到许多困难，因为对经济资源进行价值评估并不是一件容易的事情。

2.利益原则

利益原则又称受益原则或利益说，是指根据纳税人从政府提供的服务中享受利益的多少而相应地纳税。享受利益多的人多纳税，享受利益少的人少纳税，没有享受利益的人则不纳税。利益原则的运用是假定市场所决定的收入分配是合理的，税收分配是一种资源的转移，因此需依据对等原则进行。从表面上看，这一原则有一定的合理性。政府的各种支出，如国防、公安、社会公益事业等，都具有公益性，因此，公民应按其享受利益的多少来分摊政府的公益性支出。但实际上，这种说法有很大的局限性，主要表现在如下方面。

第一，利益原则的应用因集体消费的内在性质而受到极大的限制。公共品的一个特征就是非排他性，政府公益支出的集体受益性可能会使人们成为"免费搭车者"——不支付任何报酬而受益。如此，在税收负担的分配中，利益原则很难作为公平的基本标准得以广泛应用。

第二，利益原则的应用因公共品的内在性质而难以确定受益的多少。有些情况，如对享受社会保障制度的人征收社会保障税等，利益原则可直接采用。但对政府的大多数公益性支出，如国防、法律、社会公益事业的支出等，人们从中获得收益的多少实际上是不可估计的，也很难说清。

第三，利益原则的应用很可能使某些税种的设计意图发生扭曲。例如，从政府的福利支出角度看，穷人和残疾人是福利支出的最大受益者，若按受益原则征税，显然是行不通的。

3.能力原则

能力原则又称"能力税"，是指以纳税人的纳税能力为征税依据，纳税能力强的人多纳税，纳税能力弱的人少纳税，无纳税能力的人不纳税。在这一原则下，税收问题仅仅从自身角度考虑，与支出不发生联系。在给定的税收总收入下，要求每个纳税人按照其纳税能力纳税。尽管在一些经济学家看来，这一原则不能完全令人满意，因为收入的决定没有考虑政府的支出方面，但是，从实践的角度看，这一原则却最具有可行性。因此，能力原则已成为当代西方学者普遍接受的测量税收公平性的标准。

各国的实际税收制度在大多数情况下是以纳税人的负担能力为依据的。能力原则的运用首先必须解决这样一个问题，即以什么作为衡量纳税人纳税能力的依据或尺度。

三、税收稳定原则

税收稳定原则是指税收征收所产生的经济影响要达到"稳定"的目标，包括减少经济波动和经济平衡增长两个方面的要求。

在市场经济条件下，市场机制具有自动调节经济平衡、保持经济稳定的功能，但市场经济也有很大的局限性。在现代货币制度下，市场不能有效地自动调节经济平衡，经常由于总需求小于总供给而导致需求不足型失业，或由于总需求大于总供给而导致需求拉上型通货膨胀，以及由于经济的过快增长或停滞增长使经济不能保持稳定发展。市场经济的缺陷导致的经济失衡不可能由市场本身解决，需要由政府运用财政政策、货币政策、就业政策等政策手段来调节总需求或总供给，促使经济稳定发展。因此，在宏观经济方面，税收应与其他政策手段协调配合，依据稳定准则调节经济，实现稳定经济的宏观政策目标。

税收稳定经济可分为税收自动稳定机制和税收政策抉择两种方式。

（一）税收自动稳定机制

税收自动稳定机制又称"内在稳定器"，是指税收制度本身所具有的内在稳定机制。它不需要政府随时作出判断和采取措施就能收到自行稳定经济的效果，主要是税收随经济的增长、衰退而自动增减，从而缓和经济周期的波动：在经济的繁荣时期，税款收入因税基的增长而上升，使经济扩张趋于缓慢；在经济萧条时期，税款收入因所得与销售的减少而自动下降，使经济收缩趋于缓慢。所以，即使在经济高涨或低落时期税率不变，税款收入的自动增减在某种程度上也使经济自动趋于稳定。

（二）税收政策抉择

税收政策抉择又称"相机抉择"，是指政府根据经济形势的变化所作出的税收政策变动及其选择。相机抉择的作用在于消除税收自动稳定机制所无法消除的经济波动，包括两个方面：扩张性税收政策与紧缩性税收政策。

扩张性税收政策是经济出现萎缩时政府采取的税收政策。经济发生萎缩，政府应减少税收以增加个人可支配收入，从而引起私人消费支出增加，社会总需求扩大，使国民生产总值上升到充分就业水平。

紧缩性税收政策是经济出现通货膨胀时政府采取的税收政策。经济发生通货膨胀，政府应增加税收以减少个人可支配收入，从而造成私人消费支出减少，社会总需求缩小，降低国民生产总值。

第三节 税收的效应

一、税收与个人储蓄

税收对个人储蓄的效应是通过税收对个人可支配收入和税后利息率的影响实现的，实际上也是通过税收对储蓄的收入效应和替代效应实现的。税收对纳税人储蓄的收入效应表现为政府课税后减少了纳税人的可支配收入，为了维持原有的储蓄水平，纳税人必须减少现期消费，从而相对提高储蓄在个人收入中的比重。也就是说，政府课税相对提高了私人储蓄的比重。税收对纳税人个人储蓄的替代效应是指政府课税影响了纳税人近期消费与未来消费的相对成本，从而改变其选择。

影响储蓄行为的主要因素是个人收入水平和储蓄利率水平。个人收入水平越高，可供储蓄的资金就越多；同时，对储蓄收益率而言，储蓄利率越高，对储蓄人的吸引力就越大。此外，储蓄率与储蓄习惯有关，一般而言，东方国家的居民偏好储蓄，而西方国家的居民偏好消费。

二、税收与企业储蓄

企业储蓄是指企业在缴纳所得税和付给股东股息后的保留收益，是企业投资的重要资金来源。企业，不论其组织形式、所有制性质如何，不管是课征高额所得税还是课征较轻的税，都必须将一定数额的未分配利润储蓄起来以备必要时提用，或是将一部分闲置资金保存下来作为扩大投资之用，获取利息收益仅仅是企业储蓄的附属性目的。税收对企业储蓄的影响与个人储蓄相似，不同的是企业追求利润最大化，对企业征收所得税和利息税的直接影响是减少企业的税后可分配利润和企业投资人的收益，间接影响企业储蓄愿望，在股息支付不变的情况下，将减少企业保留的收益，减少企业储蓄。

另外，税收还可以通过折旧对企业储蓄产生影响。折旧是对固定资产消耗的补偿，企业提取以后作为储蓄，为日后固定资产更新进行必要的积累。由于折旧从征收企业所得税前的成本中列支，因此，折旧期限的长短会影响企业的储蓄规模。

三、税收与政府储蓄

政府储蓄是指政府将财政收入中经常性收入大于经常性支出的部分存入金融机构的行为。税收对政府储蓄的影响主要体现在税收收入规模对预算收入的影响方面。从理论上讲，所有提高税收总量的行为都对政府储蓄产生有利的影响。但提高税收水平不可随意为之，其受经济发展水平的制约。一国税负总水平的改变必须以不损害经济均衡发展为前提，所以，最有效的途径不是提高税率，而是完善税收制度，不断提高税收征收管理水平。

总之，税收对政府储蓄有积极影响，但这种影响必须建立在强化税收管理的基础上。

四、税收与投资

投资是企业或个人将货币转化为资本的过程。投资可以按不同的标准分类。从大范围来讲，投资包括实际投资和证券投资。实际投资也可分为物质资本投资和人力资本投资。按投资的来源划分，在开放的经济体系中，投资可分为国内投资和海外投资。按投资的主体划分，投资可分为政府投资、企业投资和个人投资。在此，我们把非政府行为的投资，即企业投资和个人投资约定为私人投资。

（一）税收对私人投资的效应

1.税收影响私人投资的原理

在简单的宏观经济模型中，投资与储蓄是等量的。而现代公共经济学强调储蓄和投资的非一致性，认为在现代经济中，进行储蓄的人和进行投资的人是不一样的。储蓄主要取决于家庭，而投资大部分是由企业完成的。个人和企业之所以进行储蓄和投资是出于不同的目的。储蓄虽然为投资提供了可以利用的资金，但并不能保证储蓄一定会转化为投资。正因为如此，不能以税收对私人储蓄效应的分析取代税收对私人投资效应的分析，而必须对税收与纳税人的私人投资之间的关系进行专门分析。

税收对投资决策与投资水平的影响是通过对投资边际成本和投资边际收益的影响体现的。在政府征税的条件下，最终决定纳税人投资行为的是税后的可支配投资收益，而不是税前的投资收益。最终决定纳税人投资行为的投资成本主要包括两个方面：一是折旧的处理，二是投资风险（由于资本市场变化所造成的资本价值的增加与损失）的处理。这两者都是由税收制度规定的。因此，税收对私人投资的影响是通过税收对纳税人的投资收益率、折旧因素和投资风险的影响实现的。只要投资的边际收益大于边际成本，纳税人的投资行为就会进行下去。

2.税收对投资的效应分析

政府的课税会降低私人的投资收益率，并使投资收益和投资成本发生变动，从而对纳税人的投资行为产生两种相反的效应——收入效应和替代效应。

3.税收影响投资的因素分析

私人投资的基本特征是以投资利益最大化为目标，这与政府投资的目标有着原则性的区别。税收对私人投资的影响可以是鼓励性的，也可以是限制性的，主要是通过税负的大小引导私人投资来完成政府在不同时期的政策目标。

投资是经济增长的主要动力，各国政府一般致力于扩大私人投资，并且利用税收政策来鼓励和刺激私人投资。特别是当经济增长缓慢、需要扩大投资时，在税收政策上经常采取降低边际税率（表现为降低税负）、扩大税收优惠和允许加速折旧等措施来刺激投资。

在这方面，直接影响资本成本的企业所得税充当重要角色。企业所得税从两个方面影响企业的投资决策：一是对资本的边际收入征税，可能使投资的边际收入下降，抑制投资行为；二是允许对某些资本成本项目进行扣除，即"节税"，以降低资本成本，鼓励投资。因此，在其他条件不变的情况下，任何旨在提高资本成本的税收措施都将抑制投资的增长，而任何旨在使资本成本下降的税收优惠措施都将刺激投资意愿。所以，税收对私人投资的影响是多方面的。

（1）税率对投资的影响

对投资人影响最为直接的是企业所得税税负的调整，即企业所得税税负的大小直接影响投资者税后利润的多少。企业所得税税负越大，可供投资人分配的实际所得就越少；反之，投资人的实际所得就越多。因此，从理论上讲，在其他条件相同的情况下，无税（即企业所得税税率为零）对投资的刺激效果是最理想的，但实际上除少数避税地外，大多数国家都会对投资行为征税。问题的关键不在于是否征税，而在于征多少税。理想的目标是设计合理的税负水平，尽量减少企业所得税对投资决策的影响。

（2）税收优惠对投资的影响

鼓励投资的措施通常有免税、减税和再投资退税等。

免税分为全部免税和分项免税两种。全部免税是指对投资者的投资所得在一定时期内不征税，以鼓励投资者的投资积极性，但政府仍保留征税的权力，当政府的目的达到后，则恢复征税。分项免税是指政府对部分需要扶持的特殊行业、特殊项目、特殊产品给予免税的优惠，而对其他投资行为依法征税，如对基础产业、农业的投资所得免税，对部分外商投资者的投资所得免税等。

减税是对投资者的所得少征一定比例的所得税，以达到鼓励投资的目的。

再投资退税是政府将已经征收的税款在投资者将投资收益进行再投资时予以退还，以鼓励其扩大投资规模。

（3）折旧方法对投资的影响

企业所得税制度中的折旧政策对投资具有较大的影响。在税法上，允许加速折旧和考虑通货膨胀对折旧的影响是鼓励投资的主要措施。如果企业税收制度中允许的折旧率高于实际折旧率，企业的计税所得就会相应减少，其企业所得税负担就会减轻，投资人就会因得到了税收鼓励的好处而可能加大投资。在通货膨胀的情况下，企业所得税是否允许考虑资本的真实成本将影响企业的经营成本和再投资能力。传统的折旧方式是直线折旧法，重点考虑的是资本的原始成本，其折旧费不足以补充资本的重置消耗。当折旧比例与通货膨胀率同步时，对投资人是有利的，体现了税收上对投资的鼓励。

（4）税收对企业投资风险的影响

投资能够取得收益，也可能发生亏损，因此，投资是有风险的。投资的收益和亏损是相联系的。一方面，投资收益和投资风险在年度之间交叉出现，即有些年度盈利，有些年度亏损；另一方面，投资收益率和投资风险率并存，即收益率高的项目投资风险大，收益率低的项目投资风险小。既然投资收益和投资风险是相联系的。那么，对投资征税既会影响投资收益，也会影响投资风险，税收对投资风险的影响取决于税收对投资亏损的处理方式。

（二）税收对政府投资的效应

政府投资的目标是公共利益最大化。所谓"公共利益"，主要是指社会大众的公共利益，包括对基础设施、公共设施和社会服务等公共产品的需求。从性质上说，为社会公共需求而实施的支出一般无法用经济关系中的投入产出比例进行衡量，因为大部分投资项目是无利可图的，甚至是负产出的。但政府必须承担这些义务，因为它们是社会必需的公共产品。政府要进行公共投资，必须通过相应的方式取得资金。在现代经济生活中，税收是政府收入的基本形式，也是政府收入的主要来源。税收对政府投资的效应主要体现在对投资总量、投资结构、政府投资与私人投资的关联性三个方面的影响上。

1.税收对政府投资总量的影响

在一定时期内，社会投资总量由私人投资和政府投资组成。当私人投资规模一定时，政府投资规模的大小就决定了投资总量的大小，政府投资越多，投资总量则越大，对经济增长的影响也就越大；反之就越小。通常，政府利用这一原理，可以通过投资数量的改变，发挥其对经济运行的周期性调节作用。投资具有"乘数效应"，通过扩大投资，可以刺激消费，拉动相关产业，扩大社会需求，并增加工资和利润。政府投资的目标比私人投资的目标更明确，特别是在经济萧条时期，政府通常通过运用财政政策，扩大投资，拉动需求、推动经济增长。当然，政府为了扩大投资，必须增加税收，以便于政府的再分配，因此，税收总量与政府投资规模之间是互为依存的关系。在政府经常性支出一定的条件下，税收规模越大，可供政府投资的规模就越大。

2.税收对政府投资结构的影响

投资结构是指各种投资行为在不同产业和不同地区之间的分布和格局，是衡量投资效果的重要指标之一。政府会对投资结构产生两个层次的影响：一是政府投资的不同方向、不同组合直接形成投资结构；二是政府通过不同的税收政策，影响投资者的决策，间接影响投资方向。显然，税收政策的目标与政府的经济政策目标具有一致性，是一国政府政策目标的重要组成部分，有鲜明的政策倾向，因而能对投资结构产生重要影响。

3.税收对政府投资与私人投资的关联性的影响

第一，课税数量的增加会减少私人投资量。在一定时期内，可供分配的国民收入量是一定的，所能改变的只能是政府、企业和个人之间的分配比例。当税收规模扩大时，会相应减少企业和个人可得的份额，并降低其投资能力。

第二，当社会对投资的需求一定时，政府投资有可能与私人投资争市场，产生"挤出效应"。

第三，政府可能给予本身投资更优惠的税收政策，导致不公平竞争。

（三）税收对海外投资的效应

海外投资包括来自海外的投资和向海外投资两个方面，税收对海外投资的效应也表现在这两个方面。东道国的税收政策对吸引海外投资的影响主要通过三个变量体现，即外国投资者在东道国实现的税后收益率、东道国资本的总体税后收益率、对外国人在东道国的资本课征的税率与对东道国投资者拥有的居住国资本课征的税率的相对高低。这可以归结为两个方面：一是外国投资者在东道国从事的边际投资项目的实际税负的多少；二是东道国鼓励外商投资的税收优惠措施的效果取决于投资者居住国的税收制度状况。

在通常情况下，东道国的税收法律是内外一致的，但发展中国家为了吸引海外投资，一般会给予特殊优惠，基本上，特殊优惠是采取税收鼓励投资的政策，主要体现在企业所得税优惠方面，包括免税、减税、再投资退税、加速折旧等措施。免税包括定期免税和长期免税。前者是指在一定时期内的免税，对于来华投资的生产性外商投资企业，经营期在10年以上的，从开始获利年度起，第一年和第二年免征企业所得税，后者是指无限期免税，即不征收企业所得税，这只是原则上的规定，实际上难以做到。减税是对投资者减轻税负，包括对于税基、税率和税额的减税方法。再投资退税是指对外国投资者从外商投资企业取得的利润再投资给予的退税，以此鼓励外商投资。加速折旧以至外资企业向后推移纳税义务。

在世界经济一体化的今天，对于向海外投资，各国一般从税收上给予鼓励，主要措施是税收减免和抵免，以促使本国经济向外扩张。

影响海外投资的因素很多，包括政治、经济、文化、国际关系等，税收只是其中的一个因素。在吸引海外投资的问题上，不能单纯依靠税收，特别是依靠税收优惠去吸引外资，而应该完善投资的整体环境，只有这样，税收才可能在吸引外资上产生理想的效应。

五、税收与消费

税收对个人消费的影响可以从对商品征收的消费税和对个人征收的所得税两个角度进行分析。由于储蓄与消费之和等于收入，因此，分析个人所得税的储蓄效应实际上也是在分析个人所得税对消费的影响。

政府对消费品课税必然会影响消费品价格的高低以及消费品之间的价格比，消费者从追求消费效用最大化的角度出发，必然会对政府的不同征税情况作出相应的消费决策，这就产生了税收效应。

第四章　增值税的相关理论

第一节　增值税概述

增值税实际上是一种克服了传统消费税（或者称为营业税、销售税、工商税等）重复征税弊病的流转税。过去，各国普遍征收传统的消费税，对各种商品在每次销售时按销售额计算征税。这样，对同一种商品每销售一次就征一次税，存在重复征税；而构成此商品的原材料、零部件曾经也交过税，即使此商品只销售一次实际上也存在重复征税。重复征税的实质是征税时把已经交过的税额作为计税基数再计征一次税，即税上加税，不但加重了税负，也不符合税收法定原则。随着科技水平和社会化大生产的发展，产品越来越复杂，分工越来越细，专业化分工协作越来越深入，越来越广泛，商品交易流转环节越来越多。伴随而来的是传统消费税存在的重复征税问题越来越严重，严重影响以专业化协作为特征的社会化大生产的发展，成为经济发展的障碍。传统消费税面临着或者改革或者被抛弃的局面。

一、增值税的定义及其性质

如何认识增值税，怎样定义增值税，影响着能否正确运用和对待增值税。有些人把增值税视为对收益的征收，认为其可以调节纳税人的收入水平；有些人只把其视为一种消费税或者营业税，有利于财政收入的征收但不具调控功能；也有些人把它看作一种新的税收种类，兼有所得税和消费税两类税收的功能。根据对增值税的具体分析，我们可以从两个角度定义增值税：从增值税的起源和征收目的而言，增值税是对商品的销售额和服务的营业额计算征收，扣除各项购入已纳的税额从而避免了重复征税的一种消费税。

从商品价值构成角度分析，增值税是对商品和劳务在流转过程中产生的增值额征收的一种流转税。

增值税的以上两种定义只是强调的角度不同，都反映了其本身的性质，具体如下。

①增值税是一种消费税（亦可以称其为流转税、营业税、销售税或者商品与劳务税等），对销售商品和提供服务产生的营业额普遍征收。

②增值税是避免了重复征税的消费税。增值税在计算征收时，是按销售商品取得的销

售额和提供劳务实现的营业额计算的税额（简称"销项税额"），扣除购进商品和提供劳务已交的税额（简称"进项税额"）后，将其差额作为应交税额征收，从而避免了重复征税。这与从商品价值构成角度分析，只对商品和劳务在流转过程中产生的增值额征收来避免重复征税是一回事。

③增值税属于间接税，在税收制度设计上，虽然企业是增值税的纳税义务人，但实际上企业在销售商品或者提供服务时将税额作为价格的附加（我国是将税额加入销售价格中）向消费者收取，把税收负担转嫁给消费者，税收最终是由消费者负担的，消费者是增值税的实际负税人。

二、增值税的特点及其效应

增值税作为一种避免了重复征税的流转税，具有其本身的特点，其发生的效应也与其他税种有所不同。

（一）增值税的特点

1.避免了重复征税

传统的流转税是对流转额（即销售额）全值征税、存在重复征税的弊病。而增值税在征收时采取"销项税额−进项税额"的做法，实质上只是对商品的"销售价−进货价"的差额——增值额计算征税，可以避免对商品进货时已纳税额的重复征收。

2.在商品流通的全环节征税

流转税的征税环节一般有两种情况：一种是对商品流通中的每一次交易都征税，即全环节征税；另一种是在某些特定的环节征税。增值税采取了"全环节征税，环环抵扣"的设计，即对每一次交易的增值额征税。这使增值税既维护了计税链条完整，又保证了税不重征。

3.在销售时逐次抵扣计算税款

增值税实行税款抵扣制度，在商品每次销售时计算征收，要抵扣上一次交易已纳的税额。也就是说，销售方作为纳税人、首先按销售价格计算增值税税额并附加在价格上，从买方收取税款；然后将收取的税款与进货时已交给供应商的税款相抵，其余额即为应缴纳的税款；最后将应纳税款再交给税务机关。在整个商品流通中，每次交易都如法炮制，税款逐次抵扣，税负逐次转移，直至把商品卖给最后的消费者，该商品的全部税负最终转嫁给消费者承担。

（二）增值税的效应

增值税广泛征收，环环抵扣，实行单一税率为主的税率结构，具有明显的中性特征。其对企业组织、生产经营、社会消费、进出口贸易以及财政收入等具有以下效应。

①增值税在每个交易环节采取环环抵扣的办法征税，实质是只对生产经营中产生的增值部分计算征税，使专业化协作生产和全能生产两种方式的税收负担相同，避免了重复征税，不妨碍专业化分工协作发展，适应了社会专业化大生产的需要。

②由于增值税环环抵扣避免了重复征税，所以消除了对商品交易层次的影响，即对同一商品的同一销售额，不论交易次数的多寡，所缴纳的税额都是一样的，这样商品完全可以按照市场的需要而流通，不受增值税的影响。

③增值税实行单一比例税率为主的多环节普遍征收，中性特征较为明显，因而一般不具有宏观经济的调控功能。由于增值税对同一数量的商品或劳务最终征收同等数额的税收，不能体现量能负担的公平原则，实际上使低收入人群承担了较多的税额而高收入人群承担的税额较少，难以发挥调节贫富差距的作用。

④由于固定资产和无形资产的价值一般比较高，进项税额比较大，如果增值税具体制度允许对其进项税额在当期一次性扣除，就会使得当期应交税额大幅减少，把一定数量的应交增值税向后推迟缴纳。这相当于给购进固定资产和无形资产的纳税人以税收优惠，会促进其设备更新和对无形资产的投资，有利于企业技术进步。

⑤增值税采取普遍征收、环环抵扣的方式，有利于保证财政收入。第一，普遍征收使增值税的征税范围涵盖生产、流通、服务、消费等各个环节，税基宽广；第二，增值税作为一种克服了重复征税的消费税，无论社会专业化分工如何变化，不管商品生产流通环节怎样调整，都会随着国民经济的增长和人民生活水平的提高而增加；第三，增值税采取环环抵扣的征税方法，使购销单位之间因抵扣而形成相互制约的链条，有利于税务机关的稽查，有效防止逃税。

⑥有些国家为了消除增值税有欠公平的问题，为了照顾低收入人群以及为了促进某些方面的发展，在制定增值税具体制度时，对某些商品和劳务以及某些领域和地区实行零税率，使增值税在一定范围内也能发挥一些调节作用。

⑦增值税可以避免对出口商品和劳务的重复征税，有利于进出口贸易的发展。增值税作为一种间接税，税负最终由消费者承担，即出口商品和劳务的增值税是由进口国的消费者最终承担。进口国一般都会对进口商品和劳务征税，如果出口国不对出口退税，势必造成对出口商品和劳务的重复征税，加重进口国消费者的税负，影响出口商品和劳务的销售。尽管传统消费税也可以采取出口退税措施，但由于是多环节全值征税，出口商品所含

税金难以计算退清。增值税在实行"销项税额减进项税额"时采取零税率计算退税，可以将出口商品已经缴纳的税款扣除彻底，使出口商品以不含税价格进入国际市场，不仅避免了重复征税，还提高了出口商品和劳务的国际竞争力。

第二节　增值税的基本分析

一、增值税的征税范围

（一）一般征税范围

1.销售商品

在《中华人民共和国增值税暂行条例》（简称《增值税暂行条例》）中，把"商品"表述为"货物实际是同一概念的两种表述词语，没有本质区别"。

2.进口商品及出口商品

（1）进口商品

从我国关境之外进口商品应缴纳增值税。关境是指对外贸易方面实行关税和贸易管理制度的地区，和国境有所不同。由于我国设有自由贸易区、经济特区、保税区以及保税仓库等区域，因此关境小于国境。

（2）出口商品

为避免重复征税，增强商品的竞争力，各国普遍对出口商品不征流转税。在传统流转税制度下，一般对出口商品采取退税措施，所以，形成了出口退税的概念。但在增值税机制下，为了实现出口商品退税的目的，对出口商品采取了零税率的设计，可以达到更彻底的出口商品无税状态。这样，在出口商品办理税务手续时，做法上仍采取了"销项税额－进项税额"的计税方式，只不过按零税率计税产生的结果是应纳税额为负数，实为应退税额，实现了出口退税的目的。因此，出于对增值税原理和计税方式的考虑，虽然设置零税率的目的是退税，但操作上是由依率计税来实现的，把出口商品列入征税范围之内。

3.提供加工、修理修配服务

加工是指纳税人受托加工物品的服务，即委托方提供物品，纳税人按照委托方的要求提供加工服务并收取加工费的活动；修理修配是指纳税人受托对损伤和丧失功能的物品进行修复，使其恢复原状和功能的服务。在《增值税暂行条例》中称为"劳务"，是在营改增之前为了区别于不缴纳增值税而缴纳营业税的一般服务业，把与生产制造关系密切的"提供加工、修理和修配劳务"单独列为增值税的征收范围。实质上劳务就是服务，今后

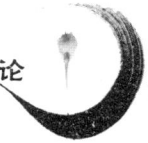

修改税法可以将其并入服务之中。

4.提供服务

提供服务包括提供交通运输服务、邮政服务、电信服务、建筑服务、金融服务、现代服务以及生活服务。

（1）交通运输服务

交通运输服务包括陆路运输服务、水路运输服务、航空航道运输服务、管道运输服务以及无运输工具承运业务服务。无运输工具承运业务是指经营者以承运人身份与托运人签订运输服务合同，收取运费并承担承运人责任，然后委托实际承运人完成运输服务的经营活动。

（2）邮政服务

邮政服务是指中国邮政集团公司及其所属邮政企业提供邮件寄递、邮政汇兑和机要通信等邮政基本服务的业务活动，包括邮政普遍服务、邮政特殊服务和其他邮政服务。

（3）电信服务

电信服务是指利用有线、无线电磁系统或者光电系统等各种通信网络资源，提供语音通话服务，传送、发射、接收或者应用图像、短信等电子数据和信息的业务活动，包括基础电信服务、增值电信服务和卫星电视信号落地转接服务。

（4）建筑服务

建筑服务是指各类建筑物、构建物及其附属设施的建造、修缮、装饰、线路、管道、设备、设施等的安装以及其他工程作业的业务活动，包括工程服务、安装服务、修缮服务、装饰服务和其他建筑服务。

（5）金融服务

金融服务是指经营金融保险的业务活动，包括贷款服务、直接收费金融服务、保险服务和金融商品转让。

（6）现代服务

现代服务是指提供技术性、知识性的服务活动，包括研发和技术服务、信息技术服务、文化创意服务、物流辅助服务、租赁服务、鉴证咨询服务、广播影视服务、商务辅助服务和其他现代服务。

（7）生活服务

生活服务是指为日常生活需求提供的各类服务活动，包括文化体育服务、教育医疗服务、旅游娱乐服务、餐饮住宿服务、居民日常服务和其他生活服务。

5.销售无形资产

销售无形资产是指转让无形资产所有权或者使用权的业务活动，包括转让专利权、非专利技术、商标权、著作权、自然资源使用权和其他权益性无形资产。

6.销售不动产

销售不动产是指转让不动产所有权的活动。不动产，一般是指不能移动或者移动后会引起性质、形状改变的财产，包括建筑物、构筑物等。但随着建筑物移位技术的采用，不动产的内容已经发生了变化，其定义今后可能会被修改。

（二）征税范围的特殊规定

1.属于征税范围的特殊项目

①罚没物品的变价处理收入和拍卖收入上缴财政的，不予征税；由经营单位再销售的应缴纳增值税。

②航空运输企业已售票但未提供航空运输服务取得的逾期票证收入，按照航空运输服务征收增值税。

③药品生产企业销售自产创新药的应税销售额，是指向购买方收取的全部价款和价外费用，应缴纳增值税；其提供给患者后续免费使用的相同创新药，不属于增值税视同销售范围，不予征税。

④境外单位或者个人向境内单位或个人提供完全在境内发生的服务（如勘探服务），或者提供未完全在境外发生的服务（如咨询服务），应缴纳增值税。

⑤境外单位或者个人向境内单位或个人销售完全在境内使用的无形资产（例如连锁经营权），或者销售未完全在境外使用的无形资产（如境内外同时使用的专利权），应缴纳增值税。

⑥货物期货（包括商品期货和贵金属期货），在实物交割环节纳税。

2.属于征税范围的特殊行为

（1）视同发生应税销售或视同发生应税行为

①将货物交付他人代销。

②销售代销货物。

③设有两个以上机构并实行统一核算的纳税人，将商品从一个机构移送至本县（市）以外的其他机构用于销售。

④将自产、委托加工或购买的商品作为投资，提供给其他单位或个体工商户。

⑤将自产、委托加工或购买的商品分配给股东或投资者。

⑥将自产、委托加工的货物用于集体福利或个人消费。

⑦将自产、委托加工或购买的商品无偿赠送他人。

⑧单位或个体工商户向其他单位或个人无偿销售应税服务、无偿转让无形资产或者不动产，但用于公益事业或者以社会公众为对象的除外。

⑨财政部和国家税务总局规定的其他情形。

在上述视同应税销售行为中，有些内容实质上相当于发生了销售，而有些内容并不是真正的销售行为，之所以将其视为应税销售行为，一方面是为了维护增值税抵扣链条的完整，另一方面也是避免逃税行为的一项措施。

（2）混合销售

既涉及商品销售又涉及应税服务的一项经营行为，是混合销售。从事商品生产、批发或者以零售为主的单位和个体工商户的混合销售，视为销售商品，应当按销售商品缴纳增值税；其他单位和个人的混合销售，按提供应税服务缴纳增值税。

（三）不征收增值税的项目

①纳税人取得的中央财政补贴，不属于增值税应税收入，不缴纳增值税。

②融资性售后回租业务中，承租方出售资产的行为不属于增值税的征税范围，不缴纳增值税。

③药品生产企业销售自产创新药的应税销售额，是指向购买方收取的全部价款和价外费用；其提供给患者后续免费使用的相同创新药，不属于增值税视同销售范围，不缴纳增值税。

④根据国家指令无偿提供的铁路运输服务、航空运输服务属于公益事业服务，不缴纳增值税。

⑤行政单位收取的政府性基金或者行政事业性收费。

⑥存款利息不缴纳增值税。

⑦被保险人获得的保险赔付不缴纳增值税。

⑧单位或者个体工商户给公益事业或者以社会公众为对象无偿提供的销售服务、转让无形资产或者不动产。

二、增值税的纳税人和扣缴义务人

（一）纳税人

总体而言，增值税的纳税人是在我国境内销售货物或者加工、修理修配劳务，销售服务、无形资产、不动产以及进口货物的单位和个人。其中，单位是指企业和行政单位、事业单位、军事单位、社会团体及其他单位；个人是指个体工商户和其他个人。

为了简化增值税的征收管理，我国将增值税的纳税人按其经营规模及会计核算是否健全划分为小规模纳税人和一般纳税人。

1.小规模纳税人

《增值税暂行条例》将一些经营规模较小，并且会计核算不健全，不能按一般规定报送增值税资料的纳税人划为小规模纳税人。

小规模纳税人计算和缴纳增值税采取简易的方法，既不采用增值税的税率而采用征收率计算税额，也不采取发票抵扣方法。

如果小规模纳税人会计核算健全，有能力提供销项税额、进项税额等增值税资料，可以申请作为一般纳税人登记，按照一般纳税人计税纳税。

2.一般纳税人

增值税的一般纳税人是指年应税销售额500万元以上，即超过小规模纳税人标准的企业和非企业单位。一般纳税人须向税务机关办理认定手续，以取得法定资格。

会计核算健全的小规模纳税人可以申请成为一般纳税人。纳税人被认定为一般纳税人后，一般不得转为小规模纳税人。

一般纳税人可使用增值税专用发票按规定抵扣进项税额。但符合一般纳税人条件却不申请办理一般纳税人认定手续的纳税人，则不得抵扣进项税额，也不得使用增值税专用发票。

下列纳税人不属于一般纳税人：

①非企业性单位。

②不经常发生增值税应税行为的企业。

③自然人个人。

（二）扣缴义务人

我国境外的单位或者个人在境内销售劳务，在境内未设有经营机构的，以其境内代理人为扣缴义务人；在境内没有代理人的，以购买方为扣缴义务人。

根据税收征管法，扣缴义务人应扣未扣、应收而不收税款的，由税务机关向纳税人追缴税款的同时，可以对扣缴义务人处应扣未扣、应收未收税款50%以上3倍以下的罚款。

三、增值税的税率和征收率

在我国增值税制度中，计税比率分为税率和征收率两种方式。税率适用于一般纳税人；征收率适用于小规模纳税人以及一般纳税人适用简易计税方法计税的项目，采用征收率计税时，不得抵扣进项税额。

（一）税率

考虑到增值税是由消费者负担的，增值税在税率设计时，除了普通税率还对普通民众的生活必需品设置了低税率；同时，由于低税率会刺激消费，进而间接地起到鼓励生产的作用，也对一些需要鼓励发展的行业设置了低税率；此外，对出口商品设置了零税率。如此，现行增值税在基本税率13%的基础上，还设置了9%和6%两档低税率以及零税率。

1.基本税率13%

一般纳税人销售商品、进口商品，提供加工、修理修配劳务，提供有形动产租赁服务，除低税率适用范围和销售个别旧货适用征收率外，一律按基本税率计算纳税。基本税率为13%。

2.低税率9%

一般纳税人销售或者进口下列商品、提供下列应税服务以及发生下列应税行为，按低税率9%计算纳税：

①粮食等农产品、食用植物油、食用盐、鲜奶。

②自来水、暖气、冷气、热水、煤气、石油液化气、天然气、沼气、居民用煤炭制品。

③图书、报纸、杂志、音像制品、电子出版物。

④饲料、化肥、农药、农机、农膜、养鸡养猪设备、密集型烤房设备、蔬菜清洗机等。

⑤提供交通运输、邮政、基础电信、建筑、不动产租赁服务，销售不动产和转让土地使用权。

⑥国务院规定的其他商品和服务。

3.低税率6%

一般纳税人提供或销售发生下列应税行为，按低税率6%计算纳税：

①现代服务。

②增值电信服务。

③金融服务。

④生活服务。

⑤销售无形资产（转让土地使用权除外）。

⑥国务院规定的其他项目。

4.零税率0%

纳税人出口商品和服务以及无形资产，按零税率计算纳税。国务院另有规定的除外。适用范围如下：

①出口商品。

②出口服务。

③无形资产。

④国务院规定的其他项目。

（二）征收率

增值税征收率是指对特定的商品或特定的纳税人发生应税行为在某一生产流通环节应纳税额与销售额的比率。征收率适用于小规模纳税人和一般纳税人发生适用简易计税方法，计税的应税行为采用征收率计税时，不得抵扣进项税额。现行增值税设计了3%和5%两档征收率：

1.征收率3%

①小规模纳税人适用3%的征收率。

②一般纳税人发生按规定适用或者可以选择适用简易计税方法计税的特定应税行为（适用5%征收率的除外）。

2.征收率5%

①小规模纳税人销售自建或者取得的不动产。

②一般纳税人选择简易计税方法计税的不动产销售。

③房地产开发企业中的小规模纳税人，销售自行开发的房地产项目。

④其他个人销售其取得（不含自建）的不动产（不含购买的住房），出租其取得的不动产（不含住房）。

⑤个人出租住房，应按照5%的征收率减按1.5%计算应纳税额。

⑥一般纳税人提供人力资源外包服务，选择简易计税方法的。

⑦一般纳税人选择简易计税方法的不动产经营租赁。

⑧小规模纳税人出租其取得的不动产（不含个人出租住房）。

⑨其他个人出租其取得的不动产（不含住房）。

3.征收率的特殊政策

根据《增值税暂行条例》的有关规定，适用3%征收率的某些一般纳税人可以减按2%计征增值税。

（三）兼营行为的税率选择

无论兼营不同的税率、不同的征收率还是兼营税率与征收率的应税销售行为，均依从高择率的原则计算纳税，具体如下。

①兼有不同税率的销售货物、提供应税劳务、发生应税行为，从高适用税率。

②兼有不同征收率的销售货物、提供应税劳务、发生应税行为，从高适用征收率。

③兼有不同税率和征收率的销售货物、提供应税劳务、发生应税行为，从高适用税率。

第三节　增值税的计算

一、一般纳税人应纳增值税的计算

（一）一般计税方法：扣税法

增值税应纳税额的计算方法有直接计算法和间接计算法两种。直接计算法是先计算出增值额，再根据增值额和税率计算应纳税额的方法。从增值税的原理分析，增值税是对商品销售额中的增值额征税，直接计算法与原理相一致，但理论上的增值额在具体税收实务中难以计算。所以，世界上实行增值税的国家一般不采用直接计算法，基本上采用间接计算法—扣税法来计算应纳税额，我国的增值税也采用扣税法。

扣税法是从当期的销项税额中扣除购进商品和服务已纳的税额，从而计算出应纳增值税税额的方法。具体而言是利用增值税专用发票作为计算工具计算应缴税额。增值税应纳税额的计算公式为：

$$应纳税额＝销项税额－进项税额$$

公式中的销项税额和进项税额都是特定的概念，有着特定的含义和特定的内容。

（二）销项税额

销项税额是指纳税人销售商品、提供应税服务或者发生应税行为，按照销售额或营业额和规定的税率计算并向购买方收取的增值税税额。销项税额的计算公式为：

销项税额＝销售额 × 适用税率

其中：

销售额＝不含税价格 × 销售数量

不含税价格＝含税价格 ÷ （1+增值税税率）

销项税额是由纳税人在销售价格之外向购买方收取的税额。增值税是价外税，计算增值税的销售价格是不含增值税的价格，简称"不含税价"，即价格中不包括向购买方收取的增值税税额。在我国，市场上标注的价格一般是含税价格，计算增值税时需要将含税价格换算为不含税价格。

在没有抵扣纳税人的进项税额前，纳税人所收取的销项税额还不是其应纳增值税税额。

销售额是计算销项税额的依据，所以销售额的确定很重要。在一般销售方式和特殊销售方式以及其他情况下的销售额的确定有所不同。

（三）进项税额

进项税额是与销项税额相对应的一个概念，是指纳税人购进商品、得到服务、受让无形资产或者不动产时，所支付或者负担的增值税税额。在商品或者劳务交易时，销售方收取的销项税额，就是购买方支付的进项税额。增值税计算方法的核心就是纳税人用收取的销项税额减除其支付的进项税额计算出应缴纳的增值税额，需要注意的是，并非纳税人支付的所有进项税额都可以从销项税额中抵扣。当纳税人购进的商品、接受的应税劳务或应税行为不是用于增值税应税项目时，其支付的进项税额就不能从销项税额中抵扣。

（四）应纳税额的计算

一般纳税人计算缴纳增值税，是按照规定的纳税期限，把纳税期内发生的应税销售收入额汇总起来，按汇总的应税销售额乘以适用税率计算出销项税额，再减去允许抵扣的进项税额，最终计算出应纳增值税税额。计算公式为：

应纳税额＝当期销项税额－允许抵扣的进项税额

（注：允许抵扣的进项税额＝当期进项税额＋上期结转的进项税额）

1.计算应纳税额的时间限定

（1）计算销项税额的时间限定

为保证计算应纳税额的合理性与准确性，纳税人必须严格把握当期进项税额从当期销项税额中抵扣这个要点。"当期"具体是指税务机关依照税法规定对纳税人确定的纳税期限；只有在纳税期限内实际发生的销项税额、进项税额（包括上期结转的进项税额），才是法定的当期销项税额或当期进项税额。

（2）增值税专用发票进项税额抵扣的时间限定

一般纳税人取得的增值税专用发票和机动车销售统一发票，应自开具之日起360日内认证或登录增值税发票选择确认平台进行确认，并在规定的纳税申报期内，向主管国税机关申报抵扣进项税额。

需要注意的是，为优化纳税服务，方便纳税人办税，取消了纳税信用A级、B级和C级一部分纳税人的认证要求。

2.未按期申报抵扣增值税扣税凭证抵扣的处理办法

增值税一般纳税人取得的增值税专用发票以及海关进口增值税专用缴款书，未在规定

期限内到税务机关办理认证（按规定不用认证的纳税人除外）或者申报抵扣的，不得作为合法的增值税扣税凭证，不得计算进项税额抵扣。

增值税一般纳税人，取得的增值税扣税凭证稽核比对结果相符但未按规定期限申报抵扣，属于发生真实交易且符合规定的客观原因的，经主管税务机关审核，允许纳税人继续申报抵扣其进项税额。增值税一般纳税人除客观原因以外的其他原因造成增值税扣税凭证未按期申报抵扣的，仍按照现行增值税扣税凭证申报抵扣有关规定执行。

3.当期进项税额结转下期抵扣

计算应纳税额出现当期销项税额小于当期进项税额不足抵扣的情况时，根据税法规定，当期进项税额不抵扣的部分可以结转下期继续抵扣。

4.扣减发生期进项税额的规定

已抵扣进项税额的购进货物、应税劳务或应税行为如果事后改变用途，发生下列行为：用于非应税项目、用于免税项目、用于集体福利或者个人消费、购进货物发生非正常损失、在产品或产成品发生非正常损失的，应将该进项货物、应税劳务或应税行为的进项税额从当期发生的进项税额中扣减，无法确定该进项税额的，按当期实际成本计算应扣减的进项税额。

5.销售折让、中止或者退回涉及销项税额和进项税额的税务处理

纳税人适用一般计税方法计税的，因销售折让、中止或者退回而退还给购买方的增值额，应当从当期的销项税额中扣减；因销售折让、中止或者退回而收回的增值税额，应当从当期的进项税额中扣减。

6.一般纳税人注销时进项税额的处理

一般纳税人注销或取消辅导期一般纳税人资格，转为小规模纳税人时，其存货不做进项税额转出处理，其留抵税额也不予以退税。

7.金融机构开展个人实物黄金交易业务

①对于金融机构从事的实物黄金交易业务，实行金融机构各省级分行和直属一级分行所属地市级分行、支行按照规定的预征率预缴增值税，由省级分行和直属一级分行统一清算缴纳。

②金融机构所属分行、支行、分理处、储蓄所等销售实物黄金时，应当向购买方开具国家税务总局统一监制的普通发票，不得开具银行自制的金融专业发票，普通发票领购事宜由各分行、支行办理。

③金融机构从事经其行业主管部门允许的贵金属交易业务，可比照销售个人实物黄金，实行统一清算缴纳的办法；已认定为增值税一般纳税人的金融机构，可根据《增值税专用发票使用规定》及相关规定领购、使用增值税专用发票。

（五）简易征税方法应纳税额的计算

1.应纳税额的计算公式

纳税人销售货物或者应税劳务或者发生应税行为适用简易计税方法的，按照销售额和征收率计算应纳税额，不得抵扣进项税额。应纳税额的计算公式为：

应纳税额＝销售额 × 征收率

2.含税销售额的换算

按简易计税方法计税的销售额不包括其应纳的增值税税额，纳税人采用销售额和应纳增值税税额合并定价方法的，按照下列公式计算销售额：

销售额＝含税销售额 ÷（1+征收率）

二、小规模纳税人及简易计税方法计税

为了降低征税成本，适应广大中小微企业纳税管理水平，小规模纳税人不采取发票抵扣方法计算纳税，而是采取按照"销售额 × 征收率"的计税方法，即按简易计税方法计算纳税，同时，对一般纳税人发生的某些应税行为或项目，也可以按规定选择简易计税方法计算纳税。

（一）应纳税额的计算公式

简易计税方法按照销售额和征收率计算应纳税额，不抵扣进项税额。应纳税额的计算公式为：

应纳税额＝销售额 × 征收率

（注：销售额为不含增值税销售额）

（二）含税销售额转换为不含税销售额

由于小规模纳税人在销售商品或者应税服务时，只能开具普通发票，而普通发票只能显示包含增值税的销售额。由于增值税是价外税，在计算应纳税额时必须将含税销售额换算为不含税的销售额。不含税销售额的换算公式为：

不含税销售额＝含税销售额 ÷（1+征收率）

（三）小规模纳税人及个人不动产的计税

1.小规模纳税人出租不动产，按照以下规定缴纳增值税

①单位和个体工商户出租不动产（不含个体工商户出租住房），按照5%的征收率计

算应纳税额。个体工商户出租住房，按照5%的征收率减按1.5%计算应纳税额。其中个体工商户出租住房，按照以下公式计算应预缴税款：

应预缴税款＝含税销售额÷(1+5%)×1.5%

不动产所在地与机构所在地不在同一县（市、区）的，纳税人应按照上述计税方法向不动产所在地主管国税机关预缴税款，向机构所在地主管国税机关申报纳税。

不动产所在地与机构所在地在同一县（市、区）的，纳税人向机构所在地主管国税机关申报纳税。

②其他个人出租不动产（不含住房），按照5%的征收率计算应纳税额，向不动产所在地主管地税机关申报纳税。其他个人出租住房，按照5%的征收率减按1.5%计算应纳税额，向不动产所在地主管地税机关申报纳税。其他个人出租不动产，分情况按照以下公式计算应纳税款。

A.出租住房：

应纳税款＝含税销售额÷(1+5%)×1.5%

B.出租非住房：

应纳税款＝含税销售额÷(1+5%)×5%

2.小规模纳税人转让其取得的不动产

①小规模纳税人转让其取得（不含自建）的不动产，以取得的全部价款和价外费用扣除不动产购置原价或者取得不动产时的作价后的余额为销售额，按照5%的征收率计算应纳税额。

②小规模纳税人转让其自建的不动产，以取得的全部价款和价外费用为销售额，按照5%的征收率计算应纳税额。

除其他个人之外的小规模纳税人，应按照本条规定的计税方法向不动产所在地主管地税机关预缴税款，向机构所在地主管国税机关申报纳税；其他个人按照本条规定的计税方法向不动产所在地主管地税机关申报纳税。

3.个人转让其购买的住房，按照以下规定缴纳增值税

①个人转让其购买的住房，按照有关规定全额缴纳增值税的，以取得的全部价款和价外费用为销售额，按照5%的征收率计算应纳税额。

②个人转让其购买的住房，按照有关规定差额缴纳增值税的，以取得的全部价款和价外费用扣除购买住房价款后的余额为销售额，按照5%的征收率计算应纳税额。

个体工商户应按照本条规定的计税方法向住房所在地主管地税机关预缴税款，向机构所在地主管国税机关申报纳税；其他个人应按照本条规定的计税方法向住房所在地主管地税机关申报纳税。

三、进口商品应纳税额的计算

（一）进口环节增值税征税范围

①根据《增值税暂行条例》的规定，申报进入中华人民共和国海关境内的货物，均应缴纳增值税。确定一项货物是否属于进口，必须首先看其是否有报关进口手续。

②从其他国家或地区进口《跨境电子商务零售进口商品清单》范围内的以下商品适用于跨境电子商务零售进口增值税税收政策。

第一，所有通过与海关联网的电子商务交易平台交易，能够实现交易、支付、物流电子信息"三单"比对的跨境电子商务零售进口商品。

第二，未通过与海关联网的电子商务交易平台交易，但快递、邮政企业能够统一提供交易、支付、物流等电子信息，并承诺承担相应法律责任进境的跨境电子商务零售进口商品。

第三，不属于跨境电子商务零售进口的个人物品以及无法提供交易、支付、物流等电子信息的跨境电子商务零售进口商品，按现行规定执行。

第四，电子商务零售进口商品，按现行规定执行。

（二）进口环节增值税的纳税人

进口货物的收货人（承受人）或办理报关手续的单位和个人，为进口货物增值税的纳税义务人，包括国内一切从事进口业务的企业事业单位、机关团体和个人。

跨境电子商务零售进口商品按照货物征收关税和进口环节增值税、消费税的，购买跨境电子商务零售进口商品的个人作为纳税义务人。电子商务企业、电子商务交易平台企业或物流企业可作为代收代缴义务人。

（三）进口环节增值税的适用税率

进口环节增值税的适用税率与境内商品交易税率相同：进口货物的增值税税率为13%和9%，即便是小规模纳税人，进口计税时也适用13%和9%的税率，不适用征收率。

但是对跨境电子商务零售进口商品的单次交易限值为人民币2000元，个人年度交易限值为人民币20000元以内进口的跨境电子商务零售进口商品，关税税率暂设为0%。

（四）进口环节增值税应纳税额计算

进口货物的应纳税额，不管纳税人是一般纳税人还是小规模纳税人均按进口货物的组

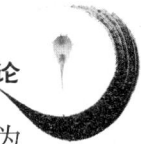

成计税价格和规定的税率计算，并且不能抵扣任何进项税额。进口货物的组成计税价格为进口货物所支付的全部金额（但不包括支付的增值税），其具体内容依进口货物是否同时缴纳消费税而定。

如果进口货物同时缴纳消费税，其组成计税价格的计算公式为：

组成计税价格＝关税完税价格＋关税＋消费税税额

如果进口货物不同时缴纳消费税，其组成计税价格的计算公式为：

组成计税价格＝关税完税价格＋关税

确定进口货物的计税组成价格后，按下式计算进口货物的应纳税额：

应纳税额＝组成计税价格×适用税率

四、出口货物、劳务和应税服务的增值税

为了提高出口货物在国际市场上的竞争能力，鼓励商品出口，我国现行增值税制度规定，对出口货物、劳务和跨境应税行为实行退税或零税率。

增值税的出口退税不同于出口免税。出口免税是指对纳税人在出口环节的纳税义务予以免除，但并不像出口退税那样退还以前环节已经承担的增值税，因此免税的出口货物可能仍含有国内已经征收的流转税或劳务税。

（一）出口货物、服务退（免）增值税基本政策

目前，我国的出口货物、劳务和跨境应税行为的增值税退、免政策分为以下三种形式。

1.出口免税并退税

出口免税是指对货物、劳务和跨境应税行为在出口销售环节免征增值税，这是把货物、劳务和跨境应税行为出口环节与出口前的销售环节都同样视为一个征税环节；出口退税是指对货物、劳务和跨境应税行为在出口前实际承担的税收负担，按规定的退税率计算后予以退还。

2.出口免税不退税

出口免税与上述"1"项含义相同。出口不退税是指适用这个政策的出口货物、劳务和跨境应税行为因在前一道生产、销售环节或进口环节是免税的，因此，出口时该货物、劳务和跨境应税行为的价格中本身就不含税，也无须退税。

3.出口不免税也不退税

出口不免税是指对国家限制或禁止出口的某些货物、劳务和跨境应税行为的出口环节视同内销环节，照常征税；出口不退税是指对这些货物、劳务和跨境应税行为出口不退还

出口前其所负担的税款。

（二）适用增值税退（免）税的范围

对下列出口货物、劳务和跨境应税行为，免征和退还增值税。

①出口企业出口货物。

②出口企业或其他单位视同出口的货物，如对外援助、对外承包、对外投资的出口货物。进入保税区、保税港、出口加工区等特殊区域并销售给区域内的货物。免税品销售商销售的货物。生产企业向海上石油天然气开采企业销售自产的工程结构物。政策规定的其他内容。

③出口企业对外提供加工修理修配劳务，是指对进境复出口货物或从事国际运输的运输工具进行的加工修理修配。

④融资租赁货物出口退税。根据规定，对融资租赁出口货物试行退税政策。对融资租赁企业、金融租赁公司及其设立的项目子公司，以融资租赁方式租赁给境外承租人且租赁期限在5年（含）以上，并向海关报关后实际离境的货物，试行增值税、消费税出口退税政策。

（三）适用增值税免税政策的范围

①出口企业或其他单位出口规定的货物，具体是指：增值税小规模纳税人出口的货物；软件产品；含黄金、铂金成分的货物，钻石及其饰品；国家计划内出口的卷烟；非出口企业委托出口的货物；非列名生产企业出口的非视同自产货物；农业生产者自产农产品；油、花生果仁、黑大豆等财政部和国家税务总局规定的出口免税的货物；外贸企业取得普通发票，废旧物资收购凭证、农产品收购发票、政府非税收入票据的货物；来料加工复出口的货物；特殊区域内的企业出口的特殊区域内的货物；以人民币现金作为结算方式的边境地区出口企业从所在省（自治区）的边境口岸出口到接壤国家的一般贸易和边境小额贸易出口货物；以旅游购物贸易方式报关出口的货物。

②出口企业或其他单位视同出口的下列货物和劳务：国家批准设立的免税店销售的免税货物；特殊区域内的企业为境外的单位或个人提供加工修理修配劳务；同一特殊区域、不同特殊区域内的企业之间销售特殊区域内的货物。

③出口企业或其他单位未按规定申报或未补缴增值税退（免）税凭证的出口货物和劳务。

④境内的单位和个人销售的下列服务和无形资产免征增值税，但财政部和国家税务总局规定适用增值税零税率的除外，类型有：工程项目在境外的建筑服务；工程项目在境外的工程监理服务；工程、矿产资源在境外的工程勘察勘探服务；会议展览地点在境外的

会议展览服务；存储地点在境外的仓储服务；标的物在境外使用的有形动产租赁服务；在境外提供的广播影视节目（作品）的播映服务；在境外提供的文化体育服务、教育医疗服务、旅游服务；为出口货物提供的邮政服务、收派服务、保险服务。为出口货物提供的保险服务，包括出口货物保险和出口信用保险；向境外单位提供的完全在境外消费的下列服务和无形资产；按照国家有关规定应取得相关资质的国际运输服务项目，纳税人未取得相关资质的，适用增值税免税政策；境内单位和个人以无运输工具承运方式提供的国际运输服务，无运输工具承运业务的经营者适用增值税免税政策；境内的单位和个人提供适用增值税零税率的服务或者无形资产，属于适用简易计税方法的，实行免征增值税办法；财政部和国家税务总局规定的其他服务。

⑤市场经营户自营或委托市场采购贸易经营者以市场采购贸易方式出口的货物免征增值税。

（四）增值税出口退税率

①除另有特殊规定的退税率外，出口货物、服务和无形资产的退税率为其适用税率。

②退税率的特殊规定：外贸企业购进按简易办法征税的出口货物、从小规模纳税人处购进的出口货物，其退税率分别为简易办法实际执行的征收率、小规模纳税人征收率。上述出口货物取得增值税专用发票的，退税率按照增值税专用发票上的税率和出口货物退税率孰低的原则确定；出口企业委托加工修理修配货物，其加工修理修配费用的退税率，为出口货物的退税率；中标机电产品、出口企业向海关报关进入特殊区域销售给特殊区域内生产企业生产耗用的列明原材料、输入特殊区域的水电气，其退税率为适用税率。如果国家调整列明原材料的退税率，则列明原材料应当自调整之日起按调整后的退税率执行；适用不同退税率的货物、劳务及跨境应税行为，应分开报关、核算并申报退（免）税，未分开报关、核算或划分不清的，从低适用退税率。

（五）增值税退（免）税的计税依据

出口货物、劳务的增值税退（免）税的计税依据，按出口货物、劳务的出口发票（外销发票）、其他普通发票或购进出口货物、劳务的增值税专用发票、海关进口增值税专用缴款书确定。

跨境应税行为的计税依据具体规定如下。

①生产企业出口货物、劳务（进料加工复出口货物除外）增值税退（免）税的计税依据，为出口货物、劳务的实际离岸价（FOB）。实际离岸价应以出口发票上的离岸价为准，但如果出口发票不能反映实际离岸价，主管税务机关有权予以核定。

②对进料加工出口货物，企业应以出口货物人民币离岸价扣除出口货物耗用的保税进

口料件金额的余额为增值税退（免）税的计税依据。

③生产企业国内购进无进项税额且不计提进项税额的免税原材料加工后出口的货物的计税依据，按出口货物的离岸价扣除出口货物所含的国内购进免税原材料的金额后确定。

④外贸企业出口货物（委托加工修理修配货物除外）增值税退（免）税的计税依据，为购进出口货物的增值税专用发票注明的金额或海关进口增值税专用缴款书注明的完税价格。

⑤外贸企业出口委托加工修理修配货物增值税退（免）税的计税依据，为加工修理修配费用增值税专用发票注明的金额，外贸企业应将加工修理修配使用的原材料（进料加工海关保税进口料件除外）作价销售给受托加工修理修配的生产企业，受托加工修理修配的生产企业应将原材料成本并入加工修理修配费用开具发票。

⑥出口进项税额未计算抵扣的已使用过的设备增值税退（免）税的计税依据，"已使用过的设备"是指出口企业根据财务会计制度已经计提折旧的固定资产。

⑦免税品经营企业销售的货物增值税退（免）税的计税依据，为购进货物的增值税专用发票注明的金额或海关进口增值税专用缴款书注明的完税价格。

⑧中标机电产品增值税退（免）税的计税依据，若是生产企业，则为销售机电产品的普通发票注明的金额，若是外贸企业，则为购进货物的增值税专用发票注明的金额或海关进口增值税专用缴款书注明的完税价格。

⑨输入特殊区域的水电气增值税退（免）税的计税依据，为作为购买方的特殊区域内生产企业购进水（包括蒸汽）、电力、燃气的增值税专用发票注明的金额。

第四节　增值税的税收优惠和纳税管理

一、增值税的税收优惠

（一）《增值税暂行条例》规定的免税项目

①农业生产者销售的自产农产品。农业生产者，包括从事农业生产的单位和个人。农业产品是指种植业、养殖业、林业、牧业、水产业生产的各类植物、动物的初级产品。对上述单位和个人销售的外购农产品以及单位和个人外购农产品生产、加工后销售的仍然属于规定范围的农业产品，不予免税，应当按照规定的税率征收增值税。

②避孕药品和用具。

③古旧图书，指向社会收购的古书和旧书。

④直接用于科学研究、科学试验和教学的进口仪器、设备。

⑤外国政府、国际组织无偿援助的进口物资和设备。

⑥由残疾人的组织直接进口供残疾人专用的物品。

⑦销售的自己使用过的物品。

（二）营改增规定的税收优惠政策

1.免征增值税的项目举例

①托儿所、幼儿园提供的保育和教育服务。

②养老机构提供的养老服务。

③残疾人福利机构提供的养老服务。

④婚姻介绍服务。

⑤殡葬服务。

⑥残疾人员本人为社会提供的服务。

⑦医疗机构提供的医疗服务。

⑧从事学历教育的学校提供的教育服务。

⑨学生勤工俭学提供的服务。

2.增值税即征即退

①增值税一般纳税人销售其自行开发生产的软件产品，按税率征收增值税后，其增值税实际税负超过3%的部分实行即征即退政策。

增值税一般纳税人将进口软件产品进行本地化改造后对外销售，其销售的软件产品可享受上述规定的增值税即征即退政策。

②一般纳税人提供管道运输服务，对其增值税实际税负超过3%的部分实行增值税即征即退政策。

③经人民银行、银监会或者商务部批准从事融资租赁业务的试点纳税人中的一般纳税人，提供有形动产融资租赁服务和有形动产融资性售后回租服务，对其增值税实际税负超过3%的部分实行增值税即征即退政策。

本规定所称增值税实际税负，是指纳税人当期提供应税服务实际缴纳的增值税额占纳税人当期提供应税服务取得的全部价款和价外费用的比例。

④安置残疾人的单位和个体工商户享受安置残疾人增值税即征即退优惠政策，公式如下：

本期应退增值税额＝本期所含月份每月应退增值税额之和

月应退增值税额＝纳税人本月安置残疾人员人数 × 本月月最低工资标准的4倍

3.扣减增值税规定

（1）退役士兵创业就业

①对自主就业退役士兵从事个体经营的，在3年内按每户每年8000元为限额依次扣减其当年实际应缴纳的增值税、城市维护建设税、教育费附加、地方教育附加和个人所得税。限额标准最高可上浮20%，各省、自治区、直辖市人民政府可根据本地区实际情况在此幅度内确定具体限额标准，并报财政部和国家税务总局备案。

②对商贸企业、服务型企业、劳动就业服务企业中的加工型企业和街道社区具有加工性质的小型企业实体，在新增加的岗位中，当年新招用自主就业退役士兵，与其签订1年以上期限劳动合同并依法缴纳社会保险费的，在3年内按实际招用人数予以定额依次扣减增值税、城市维护建设税、教育费附加、地方教育附加和企业所得税优惠，定额标准为每人每年4000元，最高可上浮50%，各省、自治区、直辖市人民政府可根据本地区实际情况在此幅度内确定具体定额标准，并报财政部和国家税务总局备案。

（2）重点群体创业就业

①对商贸企业、服务型企业、劳动就业服务企业中的加工型企业和街道社区具有加工性质的小型企业实体。定额标准为每人每年4000元，最高可上浮30%，各省、自治区、直辖市人民政府可根据本地区实际情况在此幅度内确定具体定额标准，并报财政部和国家税务总局备案。

②金融企业发放贷款后，自结息日起90天内发生的应收未收利息按现行规定缴纳增值税，自结息日起90天后发生的应收未收利息暂不缴纳增值税，待实际收到利息时按规定缴纳增值税。

③个人将购买不足2年的住房对外销售的，按照5%的征收率全额缴纳增值税；个人将购买2年以上（含2年）的住房对外销售的，免征增值税。

个人将购买2年以上（含2年）的非普通住房对外销售的，以销售收入减去购买住房价款后的差额按照5%的征收率缴纳增值税；个人将购买2年以上（含2年）的普通住房对外销售的，免征增值税。

（三）实施减免税的规定

①纳税人兼营免税、减税项目的，应当分别核算免税、减税项目的销售额；未分别核算销售额的，不得免税、减税。

②纳税人销售货物、劳务和应税行为适用免税规定的，可以放弃免税，依照《增值税暂行条例》的规定缴纳增值税。放弃免税后，36个月内不得再申请免税。

纳税人销售货物、提供应税劳务和发生应税行为同时适用免税和零税率规定的，优先适用零税率。

A.生产和销售免征增值税货物或者劳务或者应税行为的纳税人要求放弃免税权，应当以书面形式提交放弃免税权声明，报主管税务机关备案。纳税人自提交备案资料的次月起，按照现行有关规定计算缴纳增值税。

B.放弃免税权的纳税人符合一般纳税人认定条件尚未认定为增值税一般纳税人的，应当按现行规定认定为增值税一般纳税人，其销售的货物、劳务和应税行为可开具增值税专用发票。

C.纳税人一经放弃免税权，其生产销售的全部增值税应税货物或劳务或应税行为均应按照适用税率征税，不得选择某一免税项目放弃免税权，也不得根据不同的销售对象选择部分货物或劳务或应税行为放弃免税权。

D.纳税人在免税期内购进用于免税项目的货物、劳务和应税行为所取得的增值税扣税凭证，一律不得抵扣。

③安置残疾人单位既符合促进残疾人就业增值税优惠政策条件，又符合其他增值税优惠政策条件的，可同时享受多项增值税优惠政策，但年度申请退还增值税总额不得超过本年度内应纳增值税总额。

④纳税人既享受增值税即征即退、先征后退政策，又享受"免、抵、退"税政策有关问题的处理如下：

A.纳税人既有增值税即征即退、先征后退项目，也有出口等其他增值税应税项目的，增值税即征即退和先征后退项目不参与出口项目"免、抵、退"税计算。纳税人应分别核算增值税即征即退、先征后退和出口等其他增值税应税项目，分别申请享受增值税即征即退、先征后退和免抵退税政策。

B.用于增值税即征即退或者先征后退项目的进项税额无法划分的。

二、增值税的纳税管理

（一）增值税的纳税义务发生时间

《增值税暂行条例》和《增值税暂行条例实施细则》明确规定了增值税纳税义务的发生时间。增值税纳税义务发生时间，是纳税人销售商品、提供服务、转让无形资产和不动产等应税行为应当承担纳税义务的起始时间。

1.纳税义务发生时间的一般规定

①纳税人发生应税行为，其纳税义务发生时间为收讫销售款项或者取得索取销售款项凭据的当天；先开具发票的，为开具发票的当天。

②进口货物，为报关进口的当天。

③增值税扣缴义务发生时间为纳税人增值税纳税义务发生的当天。

2.不同销售方式的具体纳税义务发生时间

由于纳税人销售结算方式的不同，具体的纳税义务发生时间有所不同。

①采取直接收款方式销售商品，不论商品是否发出，均为收到销售额或取得索取销售额的凭据，并将提货单交给买方的当天。

②采取托收承付和委托银行收款方式销售商品，为发出货物并办妥托收手续的当天。

③采取赊销和分期付款方式销售，为按合同约定的收款日期的当天。无书面合同或者书面合同没有约定收款日期的，为商品发出的当天。

④采取预收货款方式销售商品，为商品发出的当天，但生产销售生产工期超过12个月的大型机械设备、船舶、飞机等，为收到预收款或者书面合同约定的收款日期的当天。

⑤委托其他纳税人代销，为收到代销单位销售的代销清单或者收到全部或者部分货款的当天；未收到代销清单及货款的，为发出代销商品满180天的当天。

⑥提供应税劳务，为提供劳务同时收讫销售额或取得索取销售额的凭据的当天。

⑦纳税人发生除将商品交付其他单位或者个人代销和销售代销商品以外的视同销售行为，为商品移送的当天。

⑧纳税人提供建筑服务、租赁服务采取预收款方式的，其纳税义务发生时间为收到预收款的当天。

⑨纳税人从事金融商品转让的，为金融商品所有权转移的当天。

⑩纳税人发生视同销售服务、转让无形资产或者不动产情形的，其纳税义务发生时间为服务、无形资产转让完成的当天或者不动产权属变更的当天。

上述销售商品或应税劳务纳税义务发生时间的确定，明确了纳税人在计算应纳税额时，对"当期销项税额"时间的限定，是增值税计税和征收管理中重要的规定。纳税人应按上述规定的时限及时、准确地记录销售额和计算当期销项税额。

（二）增值税的纳税期限

在明确了增值税纳税义务发生时间后，还需要掌握具体纳税期限以保证按期缴纳税款。根据规定，增值税的纳税期限分别为1日、3日、5日、10日、15日、一个月或者一个季度。纳税人的具体纳税期限，由主管税务机关根据纳税人应纳税额的大小分别核定；不能按照固定期限纳税的，可以按次纳税。

根据《增值税暂行条例实施细则》的规定，以一个季度为纳税期限的规定适用于小规模纳税人、银行、财务公司、信托投资公司、信用社，以及财政部和国家税务总局规定的其他纳税人。

纳税人以一个月或者一个季度为纳税期的，自期满之日起15日内申报纳税；以1日、

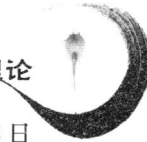

3日、5日、10日或者15日为纳税期的，自期满之日起5日内预缴税款，于次月1日至15日内申报纳税并结清上月应纳税款。

纳税人进口货物，应当自海关填发税款缴纳书之日起15日内缴纳税款。

纳税人出口适用零税率的商品，在规定的申报期内向税务机关申报办理该项出口商品的退税。

（三）增值税的纳税地点

为了保证纳税人按期申报纳税，根据企业跨地区经营和搞活商品流通的特点及不同情况，税法还具体规定了增值税的纳税地点。

①固定业户应当向其机构所在地主管税务机关申报纳税。总机构和分支机构不在同一县（市）的，应当分别向各自所在地主管税务机关申报纳税；经财政部和国家税务总局或其授权的税务机关批准，也可由总机构汇总向总机构所在地主管税务机关申报纳税。

②固定业户到外县（市）销售商品或提供服务，应当向其机构所在地税务机关申请开具外出经营活动税收管理证明，向其机构所在地税务机关申报纳税。未持有其机构所在地主管税务机关核发的外出经营活动税收管理证明的，应当向销售地或服务发生地税务机关申报纳税；未向销售地或服务发生地税务机关申报纳税的，由其机构所在地税务机关补征税款。

③非固定业户发生应税行为应当向应税行为发生地税务机关申报纳税；未向应税行为发生地的税务机关申报纳税的，由其机构所在地或者居住地税务机关补征税款。

④进口货物，应当由进口人或其代理人向报关地海关申报纳税。

⑤扣缴义务人应当向其机构所在地或者居住地的主管税务机关申报缴纳其扣缴的税款。

（四）增值税的起征点

增值税起征点的适用范围包括小微企业、个体工商户和其他个人的小规模纳税人。增值税起征点的幅度规定如下。

①按期纳税，为月销售额5000～20000元。

②按次纳税，为每次（日）销售额300～500元。

小规模纳税人月销售额未超过10万元（以1个季度为纳税期的，季销售额未超过30万元）免征增值税。

小规模纳税人合计月销售额超过10万元，但扣除本期销售不动产销售额后未超过10万元的，免征增值税。

（五）增值税发票

由于增值税征收采用发票扣税法，因此增值税发票在增值税制度中具有重要地位。在现行增值税制度中，增值税发票有增值税专用发票、增值税普通发票、增值税电子普通发票和机动车销售统一发票四种。

1.增值税专用发票

增值税专用发票与普通发票不同，它不仅具有一般商事凭证的作用，而且是计算征收增值税所必需的抵扣凭据。增值税专用发票将一件商品的最初生产到最终消费之间的各环节联系起来，既体现了增值税征收的连续性，又避免了重复征税，同时也可以实现交叉审计，有效堵塞税收漏洞。增值税专用发票是管理最严格的发票。

①增值税专用发票领购使用范围一般只限于增值税的一般纳税人。

②一般而言，小规模纳税人在经营中发生需要开具增值税专用发票的业务，可以请主管税务机关代开增值税专用发票，列入自行开具专用发票试点范围的企业例外。

③对代开、虚开增值税专用发票的非法行为，根据情节，相关法规规定了从经济惩罚、行政处罚直至刑罚处理的各种规定。

2.增值税普通发票

增值税普通发票是不具备抵扣功能的发票，一般由纳税人向非增值税纳税人单位、小规模纳税人和普通消费者开具。相对于增值税专用发票，普通发票由于没有抵扣功能，其格式内容、联次张数、管理制度等比较简化，使用成本较低。

3.增值税电子普通发票

互联网信息系统的发展使开具、使用电子发票成为可能。使用增值税电子普通发票，不但方便快捷，效率高，还可降低成本，方便存储，更能与会计、财务和税务的电算化结合起来。

无论是开票方还是受票方，如需要纸质发票，均可以自行打印增值税电子普通发票，其效力与增值税普通发票相同。

4.机动车销售统一发票

凡是从事机动车零售业务的纳税人，必须开具税务机关统一印制的机动车销售统一发票。

第五章　个人所得税

第一节　个人所得税税制要素

一、个人所得税的纳税人和纳税范围

个人所得税是对自然人取得的应税所得征收的一种直接税。根据属人与属地原则，我国个人所得税的纳税人分为居民纳税人和非居民纳税人。纳税人有中国居民身份证号码的，以居民身份证号码为纳税人识别号；没有中国居民身份证号码的个人，应在首次发生纳税义务时，由税务机关赋予其纳税人识别号。个人应当凭纳税人识别号实名办税。

（一）居民纳税人及其纳税范围

居民纳税人亦称"居民个人"，是指在中国境内有住所或者无住所而在一个纳税年度内在中国境内居住累计满183天的个人。居民纳税人应就其来源于中国境内、境外的所得申报缴纳个人所得税，即承担无限纳税义务。

中国境内有住所是指因户籍、家庭、经济利益关系而在中国境内的习惯性居住，纳税年度自公历1月1日起至12月31日止。

（二）非居民纳税人及其纳税范围

非居民纳税人亦称"非居民个人"，是指在中国境内无住所又不居住，或者无住所而在一个纳税年度内在中国境内居住累计不满183天的个人。非居民纳税人应就其来源于中国境内的所得申报缴纳个人所得税，即负有限纳税义务。

（三）扣缴义务人

个人所得税以所得人为纳税人，以支付所得的单位或个人为扣缴义务人。扣缴义务人应依法履行预扣预缴/代扣代缴义务，纳税人不得拒绝；若拒绝的，扣缴义务人应及时报告税务机关。扣缴义务人应依法对纳税人报送的专项附加扣除等相关涉税信息和资料保密。

二、个人所得税应税项目

我国现行个人所得税实行分类（项）课征与综合课征相结合的征收制度。以下各项个人所得，应当缴纳个人所得税。

（一）工资、薪金所得

个人因任职或受雇取得的工资、薪金、奖金、年终加薪、劳动分红、津贴、补贴以及与任职或者受雇有关的其他所得。

个人提前退休取得的一次性补贴收入，内部退养取得的一次性收入，不属于免税的离退休工资，应按"工资、薪金所得"计税。

（二）劳务报酬所得

个人从事劳务取得的所得，包括从事设计、装潢、安装、制图、化验、测试、医疗、法律、会计、咨询、讲学、翻译、审稿、书画、雕刻、影视、录音、录像、演出、表演、广告、展览、技术服务、介绍服务、经纪服务、代办服务以及其他劳务取得的所得。

（三）稿酬所得

个人因其作品以图书、报刊形式出版、发表而取得的所得。

（四）特许权使用费所得

个人提供专利权、商标权、著作权、非专利技术以及其他特许权的使用权取得的所得；提供著作权的使用权取得的所得，不包括稿费所得。

（五）经营所得

经营所得具体包括以下内容。

①个体工商户从事生产、经营活动取得的所得，个人独资企业投资人、合伙企业的个人、合伙人来源于境内注册的个人独资企业、合伙企业的生产经营所得。

②个人依法从事办学、医疗、咨询以及其他有偿服务活动取得的所得。

③个人对企业、事业单位承包经营、承租经营以及转包、转租取得的所得。

④个人从事其他生产、经营活动取得的所得。

（六）利息、股息、红利所得

个人拥有债权、股权等而取得的利息、股息、红利所得。

（七）财产租赁所得

个人出租不动产、机器设备、车船以及其他财产而取得的所得。

（八）财产转让所得

个人转让有价证券、股权、合伙企业中的财产份额、不动产、机器设备、车船以及其他财产取得的所得。

（九）偶然所得

偶然所得是指个人得奖、中奖、中彩以及其他偶然性质的所得。依照税法规定，应当缴纳个人偶然所得税。

三、个人所得税税率

（一）居民个人综合所得个人所得税税率

1.居民个人预扣预缴个人所得税税率

①工资、薪金所得，按月预扣预缴个人所得税，适用3%～45%的超额累进税率。

②劳务报酬所得，按次预扣预缴个人所得税税率。

③稿酬所得、特许权使用费所得，按次预扣预缴个人所得税，适用20%的比例预扣率，其中稿酬所得"收入额"减按70%计算。

2.居民个人非预扣预缴个人所得税税率

居民个人取得的一次性收入以及综合所得的年终汇算清缴，即非预扣预缴个人所得税，按年计算，适用3%～45%的超额累进税率。

（二）非居民个人综合所得个人所得税税率

扣缴义务人向非居民个人支付工资、薪金所得，劳务报酬所得，稿酬所得和特许权使用费所得时，适用3%～45%的七级超额累进税率。

（三）居民企业经营所得个人所得税率

居民企业经营所得适用5% ~ 35%的五级超额累进税率。

四、个人所得税的减免

（一）免征个人所得税

下列各项个人所得，免征个人所得税。

①省级人民政府、国务院部委和中国人民解放军军以上单位，以及外国组织、国际组织颁发的科学、教育、技术、文化、卫生、体育、环境保护等方面的奖金。

②个人持有财政部发行的债券而取得的利息，个人持有经国务院批准发行的金融债券而取得的利息。

③按国务院规定发给的政府特殊津贴、院士津贴，以及国务院规定免予缴纳个人所得税的其他补贴、津贴。

④根据国家有关规定，从企业、事业单位、国家机关、社会组织提留的福利费或工会经费中支付给个人的生活补助费，各级人民政府民政部门支付给个人的生活困难补助费。

⑤保险赔款。

⑥军人的转业费、复员费、退役金。

⑦按照国家统一规定发给干部、职工的安家费、退职费、基本养老金或退休费、离休费、离休生活补助费。

⑧个人转让上市公司股票取得的所得（暂免）。

⑨依照有关法律规定应予免税的各国驻华使馆、领事馆的外交代表、领事官员和其他人员的所得。

⑩中国政府参加的国际公约、签订的协议中规定免税的所得。

（二）减征个人所得税

有下列情形之一的，可减征个人所得税，具体幅度和期限，由省、自治区、直辖市人民政府规定，并报同级人民代表大会常务委员会备案。

①残疾、孤老人员和烈属的所得。

②因自然灾害遭受重大损失的。

③国务院规定的其他减税情形。

五、利用税制要素进行个人所得税纳税筹划

（一）纳税主体筹划技术——利用纳税人身份进行税收筹划

我国税法对个人所得税的居民纳税人是从"住所"和"居住时间"两个并列性标准来界定的，即我国个人所得税的居民纳税人是指，在中国境内有住所，或者无住所而在中国境内居住满1年的个人，包括中国公民和无国籍的外籍人员。居民纳税义务人，负有无限纳税义务，而非居民纳税义务人负有有限纳税义务。显然，非居民纳税人的纳税义务较轻。

（二）税率筹划技术

税率筹划技术包括两个方面：一是比例税率筹划，即分析不同征税对象适用的不同税率政策，尽量降低适用税率；二是累进税率筹划，主要是寻找税负临界点，防止税率攀升。

目前，许多人都有兼职收入。税法规定，纳税人从中国境内二处或二处以上取得工资、薪金的，应当按照规定到主管税务机关办理纳税申报。在应纳税所得额较少时，工资薪金所得适用税率比劳务报酬所得适用的比例税率低20%，此时筹划将劳务报酬转化为工资、薪金所得，可以降低税负；在工资、薪金适用边际税率较高时，个人通过与其他单位签订雇佣合同，将工资薪金所得转化为劳务报酬所得更利于节税；在取得相同金额的报酬时，由于不同收入适用的税率不同，在采用不同的计税方法时应纳税额会产生很大差异，这就为我们纳税筹划提供了足够的空间。在一定条件下，利用税率的差异，将工资、薪金所得与劳务报酬所得分开、合并或相互转化就可以达到节税的目的。

（三）税基筹划技术

税基式避税是指纳税人通过缩小税基的方式来减轻税负。在适用税率一定的条件下，税额的大小与税基的大小成正比，税基越小，纳税人纳税负担越轻。不同应税项目对税基的规定存在差异，因此利用税基进行节税就存在两个操作角度：一是实现税基的最小化；二是控制和安排税基的实现时间。从这两个角度出发，我们将税基式筹划分为税基均衡实现和税基递延实现。

税基均衡实现的总体思路是要在保持实际收入不变的前提下，尽量降低名义收入，进而降低税率的级次。个人收入分劈技术不外乎两种：利用职工福利法和均衡收入法。职工福利法就是根据国家现行法律法规，对企业按照国家的统一规定给职工的补贴、津贴、福利费、救济金、安家费等免征个人所得税。因此，在实际工作中，对工资、薪金所得项目进行福利化转移，从而降低计税基数，减少职工应纳税额，以达到降低税负的目的。均衡收入法是将某一时期所获得的较高应税所得，采取削基降档的办法，实现降低计税基数，减少税额。相对于收入非常均衡的纳税人而言，收入极不均衡的纳税人的税收负担通常较重。这时，均衡收入法就能凸显出它的节税效果。

第二节 个人所得税的确认计量

一、个人所得税的计税依据

个人所得税的计税依据为应纳税所得额，是指个人取得的各项所得减去按规定项目、标准扣除费用之后的余额。

个人所得的形式，包括现金、实物、有价证券和其他形式的经济利益。所得为实物的，应按取得的凭证上所注明的价格计算应纳税所得额；无凭证的实物或凭证上所注明的价格明显偏低的，参照市场价格核定应纳税所得额。所得为有价证券的，根据票面价格和市场价格核定应纳税所得额。所得为其他形式的经济利益，参照市场价格核定应纳税所得额。

所得为人民币以外货币的，按照办理纳税申报或扣缴申报的上一月最后一日人民币汇率中间价，折合成人民币计算应纳税所得额。年度终了后办理汇算清缴的，对已按月、季或按次预缴税款的人民币以外货币所得，不再重新折算；对应当补缴税款的所得部分，按上一纳税年度最后一日人民币汇率中间价，折合成人民币计算应纳税所得额。

（一）居民个人的综合所得

居民个人的综合所得，以每一纳税年度收入额减去费用60000元（免征额）以及专项扣除、专项附加扣除和依法确定的其他扣除后的余额，为年度应纳税所得额。

1.专项扣除

专项扣除包括居民个人按照国家规定的范围和标准缴纳的基本养老保险、基本医疗保险、失业保险等社会保险费和住房公积金（简称"三险一金"）。

2.专项附加扣除

专项附加扣除具体包括以下六项。

第一，子女教育。纳税人的子女接受学前教育、各层次的学历教育的相关支出，按照每个子女每月1000元的标准定额扣除。父母可以选择由其中一方按扣除标准的100%扣除，也可以选择由双方分别按扣除标准的50%扣除，具体扣除方式在一个纳税年度内不能变更。

第二，继续教育。纳税人在中国境内接受学历（学位）继续教育的支出，在学历（学位）教育期间按照每月400元定额扣除。同一学历（学位）继续教育的扣除期限不能超过48个月。纳税人接受技能人员职业资格继续教育、专业技术人员职业资格继续教育的支出，在取得相关证书的当年，按照3600元定额扣除。

个人接受本科及以下学历（学位）继续教育，符合规定扣除条件的，可以选择由其父母扣除，也可以选择由本人扣除。

第三，大病医疗。在一个纳税年度内，纳税人发生的与基本医保相关的医药费用支出，扣除医保报销后个人负担（医保目录范围内的自付部分）累计超过15000元的部分，由纳税人在办理年度汇算清缴时，在80000元限额内据实扣除。

纳税人发生的医药费用支出可以选择由本人或其配偶扣除；未成年子女发生的医药费用支出可以选择由其父母一方扣除。纳税人及其配偶、未成年子女发生的医药费用支出，按规定分别计算扣除额。

第四，住房贷款利息。纳税人本人或者配偶单独或者共同使用商业银行或者住房公积金个人住房贷款为本人或者其配偶购买中国境内住房，发生的首套住房贷款利息支出，在实际发生贷款利息的年度，按照每月1000元的标准定额扣除，扣除期限最长不超过240个月。纳税人只能享受一次首套住房贷款的利息扣除。

夫妻双方婚前分别购买住房发生的首套住房贷款，其贷款利息支出，婚后可以选择其中一套购买的住房，由购买方按扣除标准的100%扣除，也可以由夫妻双方对各自购买的住房分别按扣除标准的50%扣除，具体扣除方式在一个纳税年度内不能变更。

第五，住房租金。纳税人在主要工作城市没有自有住房而发生的住房租金支出，可按以下标准定额扣除：直辖市、省会城市、计划单列市以及国务院确定的其他城市，扣除标准为每月1500元；其他城市，市辖区户籍人口超过100万人的城市，扣除标准为每月1100元；市辖区户籍人口不超过100万人的城市，扣除标准为每月800元。纳税人配偶在纳税人主要工作城市有自有住房的，视同在主要工作城市有自有住房。

住房租金支出由签订租赁住房合同的承租人扣除。

第六，赡养老人。纳税人赡养一位及以上被赡养人的赡养支出，按以下标准定额扣除：纳税人为独生子女的，按照每月2000元的标准定额扣除；纳税人为非独生子女的，由其与兄弟姐妹分摊每月2000元的扣除额度，每人分摊的额度不能超过每月1000元。可由赡养人均摊或者约定分摊，也可由被赡养人指定分摊。约定或者指定分摊的须签订书面分摊协议，指定分摊优先于约定分摊；分摊方式和额度在一个纳税年度内不得变更。纳税人向收款单位索取发票、财政票据、支出凭证，收款单位不能拒绝提供。

纳税人首次享受专项附加扣除，应当将专项附加扣除相关信息提交扣缴义务人或税务机关，扣缴义务人应当及时将相关信息报送税务机关，纳税人对所提交信息的真实性、准确性、完整性负责。专项附加扣除信息发生变化的，纳税人应当及时向扣缴义务人或税务机关提供相关信息。

3.其他扣除

其他扣除包括个人缴付符合国家规定的企业年金、职业年金，个人购买符合国家规定的商业健康保险、税收递延型商业养老保险的支出，以及国务院规定可以扣除的其他项目。

专项扣除、专项附加扣除和依法确定的其他扣除，以居民个人一个纳税年度的应纳税所得额为限额；一个纳税年度扣除不完的，不得结转以后年度扣除。

（二）居民企业经营所得

经营所得，以个体工商户、个人独资企业、合伙企业以及个人从事其他生产、经营活动每一纳税年度的收入总额减去成本、费用和损失后的余额，为应纳税所得额。

成本、费用是生产、经营活动中发生的各项直接支出和分配计入成本的间接费用以及销售费用、管理费用、财务费用；损失是生产、经营活动中发生的固定资产和存货的盘亏、毁损、报废损失，转让财产损失，坏账损失，自然灾害等不可抗力因素造成的损失以及其他损失。

取得经营所得的个人，若没有综合所得的，计算其每一纳税年度应纳税所得额时，可扣除免征额6万元及专项扣除、专项附加扣除和依法确定的其他扣除，专项附加扣除在办理汇算清缴时减除。

从事生产经营活动，未提供完整、准确的纳税资料，不能正确计算应纳税所得额的，由主管税务机关核定应纳税所得额或应纳税额。

（三）财产租赁所得

财产租赁所得，每次（以一个月内取得的收入为一次）收入不超过4000元的，减去费用800元；4000元以上的，减去20%的费用，其余额为应纳税所得额。

（四）财产转让所得

财产转让所得，按一次转让财产的收入额减去财产原值和合理费用（卖出财产时按规定支付的相关税费）后的余额计算纳税。两人以上共同取得同一项目收入的，应当对每人取得的收入分别按照税法的规定计算纳税。财产原值按下列方法确定。

①有价证券，为买入价以及买入时按照规定缴纳的有关费用。

②建筑物，为建造费或者购进价格以及其他有关费用。

③土地使用权，为取得土地使用权所支付的金额、开发土地的费用以及其他有关费用。

④机器设备、车船，为购进价格、运输费、安装费以及其他有关费用。

纳税人未提供完整、准确的财产原值凭证，不能按规定方法确定财产原值的，由主管税务机关核定财产原值。

（五）利息、股息、红利所得和偶然所得

利息、股息，红利所得和偶然所得，以每次（实际支付或取得）收入额为应纳税所得额。扣缴义务人若已将纳税人应得收入通过"利润分配"账户明确到个人名下，即属于挂账未分配的股息、红利等，应认定为所得的支付，进行个人所得税的代扣代缴。

（六）居民个人从中国境内和境外取得的综合所得、经营所得，应当分别合并计算应纳税额；从中国境内和境外取得的其他所得，应当分别单独计算应纳税额

已在境外缴纳的个人所得税税额是居民个人来源于中国境外的所得，依照该所得来源国家（地区，下同）的法律应当缴纳并且实际已经缴纳的所得税税额。

纳税人境外所得依照税法规定计算的应纳税额，是居民个人抵免已在境外缴纳的综合所得、经营所得和其他所得的所得税税额的限额（以下简称"抵免限额"）。除另有规定外，来源于中国境外一个国家的综合所得抵免限额、经营所得抵免限额和其他所得抵免限额之和，为来源于该国家所得的抵免限额。抵免限额计算公式如下：

来源于一国（地区）综合/经营所得的抵免限额＝中国境内、境外综合/经营所得依照个人所得税法和实施条例规定计算的综合/经营所得应纳税总额 × 来源于该国（地区）的综合/经营所得收入额 ÷ 中国境内、境外综合/经营所得收入总额

居民个人在中国境外某国实际已经缴纳的个人所得税税额，低于按规定计算的来源于该国所得抵免限额的，应在中国缴纳差额部分的税款；超过来源于该国所得抵免限额的，其超过部分不得在本纳税年度应纳税额中抵免，但可在以后纳税年度来源于该国所得抵免限额的余额中补扣，补扣期限最长不得超过5年。

居民个人申请抵免已在境外缴纳的个人所得税税额，应提供境外税务机关出具的税款所属年度的有关纳税凭证。

二、居民个人所得税应纳税额的计算

（一）工资、薪金所得应纳税额的计算

1.工资薪金所得的预扣预缴

扣缴义务人向居民个人支付工资薪金所得时，应按累计预扣法预扣预缴税款，并按月办理全员全额扣缴申报（另有规定的除外）。

累计预扣法是扣缴义务人在一个纳税年度内预扣预缴税款时，以纳税人截至当前月份累计工资薪金所得收入额减去纳税人申报的累计减除费用（免征额）、专项扣除、专项附加扣除和依法确定的其他扣除后的余额为累计预缴应纳税所得额，根据工薪所得预扣率表计算累计应预扣预缴税额，再减去已预扣预缴税额，以确定本期应预扣预缴税额的一种计算方法。当余额为负值时，暂不退税，纳税年度终了后余额仍为负值时，可通过年度汇算清缴、多退少补。

对上一完整纳税年度内每月均在同一单位预扣预缴工资薪金所得个税且全年工薪收入（不扣减任何费用及免税收入）不超过6万元的居民个人，扣缴义务人在预扣预缴本年度工薪所得个人所得税时，累计减除费用自1月份起直接按照全年6万元计算扣除，即在纳税人累计收入不超过6万元的月份，暂不预扣预缴个人所得税；在其累计收入超过6万元的当月及年内后续月份，再预扣预缴个人所得税，并在"个人所得税扣缴申报表"相应纳税人的备注栏注明"上年各月均有申报且全年收入不超过6万元"。按累计预扣法预扣预缴劳务报酬所得个税的居民个人，比照执行。

2.工资薪金所得的汇算清缴

年度终了后，纳税人应在次年3～6月到主管税务机关进行个人所得税的汇算清缴。

3.全年一次性奖金收入的计税

在每年的12月31日前，不并入当年综合所得，以全年一次性奖金收入除以12个月得到的数额，以按月换算后的综合所得确定适用税率和速算扣除数，单独计算纳税。居民个人取得全年一次性奖金，也可选择并入当年综合所得计算纳税。

4.一次性补贴收入的计税

应按办理提前退休、内部退养手续至法定退休年龄之间实际年度数平均分摊（相当于一次取得多年的工资），确定适用税率和速算扣除数。

（二）劳务报酬所得、稿酬所得、特许权使用费所得应纳税额的计算

扣缴义务人向居民个人支付劳务报酬所得、稿酬所得、特许权使用费所得，每次收入

不超过4000（含）元的，扣除费用按800元计算；每次收入4000元以上的，扣除费用按20%计算；稿酬所得的收入额减按70%计算，以每次收入额为应纳税所得额。

属于一次性收入的，以取得该项收入为一次；属于同一项目连续性收入的，以1个月内取得的收入为一次。

以每次收入额为预扣预缴应纳税所得额。劳务报酬所得适用20%~40%的超额累进预扣率，稿酬所得、特许权使用费所得适用20%的比例预扣率。

居民个人取得劳务报酬所得、稿酬所得、特许权使用费所得，在预扣预缴税款后，应当在年度终了后与工资薪金所得合并计税，进行汇算清缴，多退少补。

（三）财产转让所得应纳税额的计算

应交个人所得税＝（财产转让收入额－财产原值－合理费用）×20%

（四）利息、股息、红利所得应纳税额的计算

应交个人所得税＝每次收入额×20%

（五）偶然所得应纳税额的计算

应交个人所得税＝每次收入额×20%

三、非居民个人所得税应纳税额的计算

①非居民个人的工资、薪金所得

以每月收入额扣除免征额5000元后的余额为应纳税所得额，适用按月换算后的综合所得税率表，即月度税率表计算应纳税额。

非居民个人综合所得应纳税额＝应纳税所得额×税率－速算扣除数

②非居民个人取得来源于境内的劳务报酬所得、稿酬所得、特许权使用费所得，以税法规定的每次收入额为应纳税所得额。

③扣缴义务人向非居民个人支付上述所得时，应当按月或按次扣缴个人所得税。

四、居民个人所得税的纳税调整

居民个人从中国境外取得的所得，可以从其应纳税额中抵免已在境外缴纳的个人所得税税额，但抵免额不得超过该纳税人境外所得依照税法规定计算的应纳税额。

五、居民企业个人所得税的计算

（一）应交个人所得税的计算

个体工商户、个人独资企业、合伙企业及个人从事生产、经营所得，以每一纳税年度的收入总额，减去成本、费用、税金、损失、其他支出以及允许弥补的以前年度亏损后的余额，为应纳税所得额。从事生产经营以及与生产经营有关的活动取得的货币形式和非货币形式的各项收入为收入总额，具体包括销售货物收入、提供劳务收入、转让财产收入、利息收入、租金收入、接受捐赠收入、其他收入。

未提供完整、准确的纳税资料，不能正确计算应纳税所得额的，由主管税务机关核定其应纳税所得额。

企业应当分别核算生产经营活动中的生产经营费用和个人、家庭费用。对于生产经营与个人、家庭生活混用难以分清的费用，其40%视为与生产经营有关费用，准予扣除。

纳税年度发生的亏损，准予向以后年度结转，结转年限最长不得超过5年。

（二）税前扣除项目和标准

①企业向其从业人员实际支付的合理的工资薪金支出，允许在税前据实扣除。业主的工资薪金支出不得税前扣除，业主的费用扣除标准，依照相关法律、法规和政策规定执行。

②按国务院有关主管部门或省级人民政府规定的范围和标准为其业主和从业人员缴纳的基本养老保险费、基本医疗保险费、失业保险费、生育保险费、工伤保险费和住房公积金，准予扣除。为从业人员缴纳的补充养老保险费、补充医疗保险费，分别在不超过从业人员工资总额5%标准内的部分据实扣除，超过部分不得扣除。

业主本人缴纳的补充养老保险费、补充医疗保险费，以当地（地级市）上年度社会平均工资的三倍为计算基数，分别在不超过该计算基数5%标准内的部分据实扣除，超过部分不得扣除。

③在生产经营活动中发生的下列利息支出准予扣除：向金融企业借款的利息支出；向非金融企业和个人借款的利息支出，不超过按照金融企业同期同类贷款利率计算的数额的部分。

④向当地工会组织拨缴的工会经费、实际发生的职工福利费支出，职工教育经费支出分别在工资薪金总额的2%、14%、8%的标准内据实扣除。

⑤发生的与生产经营活动有关的业务招待费，按照实际发生额的60%扣除，但最高不

得超过当年销售收入的5%。

⑥每一纳税年度发生的与其生产经营活动直接相关的广告费和业务宣传费不超过当年销售收入15%的部分，可以据实扣除；超过部分，准予在以后纳税年度结转扣除。

⑦研究开发新产品、新技术、新工艺所发生的开发费用，以及研究开发新产品、新技术而购置单台价值在10万元以下的测试仪器和试验性装置的购置费准予直接扣除；单台价值在10万元以上（含10万元）的测试仪器和试验性装置，按固定资产管理，不得在当期直接扣除。

第三节　个人所得税的缴纳与申报

一、个人所得税的缴纳

个人所得税实行分项/综合扣缴和纳税人自行申报两种缴纳办法，以支付所得的单位或个人为扣缴义务人。在两处以上取得应税所得和没有扣缴义务人的，纳税人应当自行申报纳税；自行申报纳税人，应在取得所得的所在地税务机关申报纳税。纳税人从中国境外取得所得的，应在户籍所在地税务机关或指定税务机关申报纳税。在两处以上取得的所得，需要合并计算纳税的，由纳税人申请、税务机关批准，可在其中一处税务机关申报纳税。纳税人要求变更纳税申报地点的，应经原主管税务机关批准。

①综合所得的缴纳。综合所得按年计算个人所得税。有扣缴义务人的，扣缴义务人在向个人支付应税款项时，应按税法规定预扣或代扣税款，并专项记载备查。

居民个人取得工资、薪金所得时，可向扣缴义务人提供专项附加扣除有关信息。扣缴义务人应按纳税人提供的信息计算税款、办理扣缴申报，不得擅自更改纳税人提供的信息。

纳税人、扣缴义务人应按规定保存与专项附加扣除相关的资料。税务机关可对纳税人提供的专项附加扣除信息进行抽查。税务机关发现纳税人提供虚假信息的，应当责令改正并通知扣缴义务人；情节严重的，有关部门应当依法予以处理，纳入信用信息系统并实施联合惩戒。

纳税人同时从两处以上取得工资、薪金所得，并由扣缴义务人减除专项附加扣除的，对同一专项附加扣除项目，在一个纳税年度内只能选择从一处取得的所得中减除。

居民个人取得劳务报酬所得、稿酬所得、特许权使用费所得，应当在汇算清缴时向税务机关提供有关信息，减除专项附加扣除。

年度预扣预缴税额与年度应纳税额不一致时，纳税人应于次年3月1日至6月30日向主管税务机关办理综合所得年度汇算清缴，税款多退少补。纳税人可以委托扣缴义务人或者其他单位和个人办理汇算清缴。

②经营所得的缴纳。纳税人取得经营所得，按年计算个人所得税，由纳税人在月度或季度终了后15日内向税务机关报送纳税申报表，并预缴税款；在取得所得的次年3月31日前办理汇算清缴。

③纳税人取得利息、股息、红利所得，财产租赁所得，财产转让所得和偶然所得，按月或按次计算个人所得税，有扣缴义务人的，由扣缴义务人按月或按次代扣代缴税款。

④扣缴义务人每月或每次预扣/代扣的税款，应在次月15日内缴入国库，并向税务机关报送个人所得税扣缴申报表。

二、个人所得税的纳税申报

纳税年度自公历1月1日起至12月31日止。有下列情形之一的，纳税人应当依法办理纳税申报。

（一）取得综合所得

需要办理汇算清缴的情形包括：

①从两处以上取得综合所得，且综合所得年收入额减去专项扣除的余额超过6万元。

②取得劳务报酬所得、稿酬所得、特许权使用费所得中一项或者多项所得，且综合所得年收入额减去专项扣除的余额超过6万元。

③纳税年度内预缴税额低于应纳税额。

④纳税人申请退税。纳税人申请退税，应提供其在中国境内开设的银行账户，并在汇算清缴地就地办理税款退库。

（二）取得应税所得，扣缴义务人未扣缴税款

应当区别以下情形办理纳税申报。

①居民个人取得综合所得的，按"综合所得"办理。

②非居民个人取得工资、薪金所得，劳务报酬所得，稿酬所得，特许权使用费所得的，应在取得所得的次年6月30日前，向扣缴义务人所在地主管税务机关办理纳税申报，并报送报表。有两个以上扣缴义务人均未扣缴税款的，选择向其中一处扣缴义务人所在地主管税务机关办理纳税申报。

（三）取得经营所得的纳税申报

个体工商户业主、个人独资企业投资者、合伙企业个人合伙人、承包承租经营者个人以及其他从事生产、经营活动的个人取得经营所得，按年计算个人所得税，由纳税人在月度或季度终了后15日内，向经营管理所在地主管税务机关办理预缴纳税申报，并报送个人所得税经营所得纳税申报表（A表）；在取得所得的次年3月31日前，向经营管理所在地主管税务机关办理汇算清缴，并报送个人所得税经营所得纳税申报表（B表）；从两处以上取得经营所得的，选择向其中一处经营管理所在地主管税务机关办理年度汇总申报，并报送个人所得税经营所得纳税申报表（C表）。

（四）取得境外所得

居民个人从中国境外取得所得的，应当在取得所得的次年3月1日至6月30日内，向中国境内任职、受雇单位所在地主管税务机关办理纳税申报；在中国境内没有任职、受雇单位的，向户籍所在地或中国境内经常居住地主管税务机关办理纳税申报。

（五）因移居境外注销中国户籍

应向税务机关申报下列事项。
①注销户籍当年的综合所得、经营所得汇算清缴的情况。
②注销户籍当年的其他所得的完税情况。
③以前年度欠税的情况。

三、个人所得税纳税申报表

个人所得税纳税申报表有个人所得税基础信息表（A、B表）、个人所得税扣缴申报表、个人所得税自行纳税申报表（A表）、个人所得税年度自行纳税申报表、个人所得税经营所得纳税申报表（A、B、C表）、合伙制创业投资企业单一投资基金核算方式备案表、单一投资基金核算的合伙制创业投资企业个人所得税扣缴申报表。

（一）个人所得税基础信息表

个人所得税基础信息表（A表）适用于扣缴义务人办理全员全额扣缴申报时，填报其支付所得的纳税人的基础信息。扣缴义务人首次向纳税人支付所得，或者纳税人相关基础信息发生变化的，应填写本表，并于次月扣缴申报时向税务机关报送。

个人所得税基础信息表（B表）适用于自然人纳税人基础信息的填报。自然人纳税人初次向税务机关办理相关涉税事宜时填报本表；初次申报后，以后仅需在信息发生变化时填报。

（二）个人所得税扣缴申报表

个人所得税扣缴申报表适用于扣缴义务人向居民个人支付工资、薪金所得，劳务报酬所得，稿酬所得和特许权使用费所得的个人所得税全员全额预扣预缴申报；向非居民个人支付工资、薪金所得，劳务报酬所得，稿酬所得和特许权使用费所得的个人所得税全员全额扣缴申报；以及向居民个人和非居民个人支付利息、股息、红利所得，财产租赁所得，财产转让所得和偶然所得的个人所得税全员全额扣缴申报。

扣缴义务人应专门设立预扣预缴税收账簿，正确反映个人所得税的扣缴情况，如实填写本表及其他相关资料，在每月或每次预扣、代扣税款的次月15日内，将已扣税款缴入国库，并向税务机关报送本表。

（三）个人所得税自行纳税申报表（A表）和个人所得税年度自行纳税申报表

①个人所得税自行纳税申报表（A表）适用于纳税人向税务机关按月或按次办理自行纳税申报，包括居民个人取得综合所得以外的所得扣缴义务人未扣缴税款，非居民个人取得应税所得扣缴义务人未扣缴税款，非居民个人在中国境内从两处以上取得工资、薪金所得等。

适用于居民个人取得应税所得，扣缴义务人未扣缴税款，非居民个人取得应税所得扣缴义务人未扣缴税款，非居民个人在中国境内从两处以上取得工资、薪金所得等情形在办理自行纳税申报时，向税务机关报送。

第一，居民个人取得应税所得扣缴义务人未扣缴税款，应在取得所得的次年6月30日前办理纳税申报。

第二，非居民个人取得应税所得，扣缴义务人未扣缴税款的，应在取得所得的次年6月30日前办理纳税申报。非居民个人在次年6月30日前离境（临时离境除外）的，应当在离境前办理纳税申报。

第三，非居民个人在中国境内从两处以上取得工资、薪金所得的，应在取得所得的次月15日内办理纳税申报。

第四，其他需要纳税人办理自行申报的情形，按规定的申报期限办理。

②个人所得税年度自行纳税申报表适用于居民个人取得境内综合所得，按税法规定需要向主管税务机关办理汇算清缴时，应在取得所得的次年3月1日至6月30日内，报送本表。

（四）个人所得税经营所得纳税申报表

个人所得税经营所得纳税申报分为A表、B表和C表三种。

1.个人所得税经营所得纳税申报表（A表）

个人所得税经营所得纳税申报表（A表）适用于查账征收和核定征收的个体工商户业主、个人独资企业投资人、合伙企业个人合伙人、承包承租经营者个人以及其他从事生产、经营活动的个人在中国境内取得经营所得，办理个人所得税预缴纳税申报时，向税务机关报送。合伙企业有两个或者两个以上个人合伙人的，应分别填报本表。纳税人应在月度或季度终了后15日内，向税务机关办理预缴纳税申报。

2.个人所得税经营所得纳税申报表（B表）

个人所得税经营所得纳税申报表（B表）适用于个体工商户业主、个人独资企业投资人、合伙企业个人合伙人、承包承租经营者个人以及其他从事生产、经营活动的个人在中国境内取得经营所得，且实行查账征收的，在办理个人所得税汇算清缴纳税申报时，向税务机关报送。合伙企业有两个或者两个以上个人合伙人的，应分别填报本表。纳税人应在取得经营所得的次年3月31日前，向税务机关办理汇算清缴。

3.个人所得税经营所得纳税申报表（C表）

个人所得税经营所得纳税申报表（C表）适用于个体工商户业主、个人独资企业投资人、合伙企业个人合伙人、承包承租经营者个人以及其他从事生产、经营活动的个人在中国境内两处以上取得经营所得，办理合并计算个人所得税的年度汇总纳税申报时，向税务机关报送。

纳税人从两处以上取得经营所得，应当于取得所得的次年3月31日前办理年度汇总纳税申报。

第四节　个人所得税的会计处理

一、企业预扣预缴/代扣代缴个人所得税的会计处理

（一）支付工资、薪金和劳务报酬预扣预缴所得税

企业作为个人所得税的扣缴义务人，应按规定扣缴职工应缴纳的个人所得税。预扣个人所得税时，借记"应付职工薪酬"账户，贷记"应交税费——应交预扣个人所得税"等账户。

（二）承包、承租经营所得应交所得税的会计处理

承包、承租经营有如下两种情况，个人所得税也相应涉及两个应税项目。

①承包、承租人对企业经营成果不拥有所有权，仅是按合同（协议）规定取得一定所得的，其所得按工资、薪金所得项目征税，适用3%～45%的超额累进税率。

②承包、承租人按合同（协议）的规定只向发包、出租方交纳一定费用后，企业经营成果归其所有的，承包、承租人取得的所得，按对企事业单位的承包经营、承租经营所得项目，适用5%～35%的超额累进税率。

第一种情况的会计处理方法同工薪所得扣缴所得税的会计处理；第二种情况，应由承包、承租人自行申报缴纳个人所得税，发包、出租方不作扣缴所得税的会计处理。

（三）向股东支付股利代扣代缴所得税的会计处理

股份公司向法人股东支付股票股利、现金股利时，因法人股东不缴个人所得税，无代扣代缴问题；若以资本公积转增股本，不属股息、红利的分配，也不涉及个人所得税问题。

公司向个人支付现金股利时，应代扣代缴的个人所得税可从应付现金中直接扣除。公司按应支付给个人的现金股利金额，借记"利润分配——未分配利润"，贷记"应付股利"；当实际支付现金并代扣个人所得税时，借记"应付股利"，贷记"库存现金""应交税费——应交代扣个人所得税"。

企业派发股票股利或以盈余公积对个人股东转增资本，也应代扣代缴个人所得税，其方法有两种。

1.内扣法

在派发股票股利或以盈余公积对个人股东转增资本的同时，从中扣除应代扣代缴的个人所得税，借记"利润分配——未分配利润"等，贷记"股本""应交税费——应交代扣个人所得税"等，这样处理会改变股东权益结构或使公司法人股权与个人股权比例频繁变动。

2.外扣法

可由企业按增股金额，向个人收取现金以备代缴，或委托证券代理机构从个人股股东账户代扣。公司派发股票股利或以盈余公积对个人股东转增资本时：

借：利润分配（转作股本的股利）、盈余公积等

贷：股本、实收资本

计算出应扣缴个人所得税时：

借：其他应收款——代扣个人所得税（配股）

贷：应交税费——应交代扣个人所得税

收到个人股东交来税款或证券代理机构扣缴税款时：

借：银行存款、库存现金

贷：其他应收款——代扣个人所得税（配股）

实际上交税款时：

借：应交税费——应交代扣个人所得税

贷：银行存款

外扣法下，向个人收取现金或委托证券代理机构从个人股股东账户预扣税款都有其麻烦和困难；如果可能，公司在决定股利分配方案时，可将股票股利与现金股利相结合，使现金股利相当或大于个人股东应缴的所得税，这样即可避免上述不便。

二、居民企业个人所得税的会计处理

（一）账户设置

居民企业（非法人企业）是指按税法规定缴纳个人所得税的企业，应设置"本年应税所得"账户，本账户下设"本年经营所得"和"应弥补的亏损"两个明细账户。

"本年经营所得"明细账户核算企业本年生产经营活动取得的收入扣除成本费用后的余额。如果收入大于应扣除的成本费用总额，即为本年经营所得，在不存在税前弥补亏损的情况下，即为本年经营所得，应由"本年应税所得——本年经营所得"账户转入"留存利润"账户。如果计算出的结果为经营亏损，则应将本年发生的经营亏损由"本年经营所得"明细账户转入"应弥补的亏损"明细账户。

"应弥补的亏损"明细账户，核算企业发生的、可由生产经营活动所得税前弥补的亏损。发生亏损时，由"本年经营所得"明细账户转入本明细账户。生产经营过程中发生的亏损，可以由以后年度的生产经营所得在税前弥补，但延续弥补期不得超过5年。超过弥补期的亏损，不能再以生产经营所得税前弥补，应从"本年应税所得—应弥补的亏损"账户转入"留存利润"账户，减少企业的留存利润。

（二）本年应税所得的会计处理

年末，企业计算本年经营所得，应将"主营业务收入"和"其他业务收入"账户的余额转入"本年应税所得——本年经营所得"账户的贷方；将"主营业务成本""其他业务成本""销售费用""税金及附加"账户余额转入"本年应税所得——本年经营所得"账户的借方。"营业外收入"和"营业外支出"账户如为借方余额，转入"本年应税所得——本年经营所得"账户的借方；如为贷方余额，转入"本年应税所得——本年经营所得"账户的贷方。

（三）应弥补亏损的会计处理

企业生产经营活动中发生的经营亏损，应由"本年经营所得"明细账户转入"应弥补亏损"明细账户；弥补亏损时，由"应弥补亏损"明细账户转入"本年经营所得"明细账户；超过弥补期的亏损，由"应弥补亏损"明细账户转入"留存利润"账户。

（四）留存利润的会计处理

企业应设置"留存利润"账户核算非法人企业的留存利润。年度终了，计算结果如为本年经营所得，应将本年经营所得扣除可在税前弥补的年度亏损后的余额转入该账户的贷方；同时计算确定本年应缴纳的个人所得税，计入该账户的借方，然后将税后列支费用及超过弥补期的经营亏损转入该账户的借方。该账户贷方金额减去借方金额后的余额，为留存利润额。

（五）缴纳个人所得税的会计处理

1.居民企业缴纳个人所得税

企业生产经营所得应缴纳的个人所得税，应按年计算、分月预交、年度终了后汇算清缴。企业应在"应交税费"账户下设置"应交个人所得税"明细账户，核算企业预交和应交的个人所得税，以及年终汇算清缴个人所得税的补交和退回情况，企业按月预交个人所得税时，借记"应交税费——应交个人所得税"账户，贷记"库存现金"等账户；年度终了，计算出全年实际应交的个人所得税，借记"留存利润"账户，贷记"应交税费——应交个人所得税"账户。"应交个人所得税"明细账户的贷方金额大于借方金额的差额，为预交数小于应交数的差额。

补交个人所得税时，记入"应交个人所得税"明细账户的借方；收到退回的多交的个人所得税时，记入"应交个人所得税"明细账户的贷方。如果多交的所得税不退回，而是用来抵顶以后期间的个人所得税，多交的个人所得税金额就作为下一年度的预交个人所得税金额。

2.企业预扣预缴个人所得税

企业预扣预缴从业人员的个人所得税，应在"应交税费"账户下单独设置"应交预扣个人所得税"明细账户进行核算。根据应代扣额，记入该账户的贷方；实际上交时，按上交金额记入该账户的借方。

（六）合伙企业预扣预缴个人所得税的会计处理

合伙企业以每一个合伙人为纳税人。合伙企业的合伙者按照合伙企业的全部生产经营所得和合伙协议约定的分配比例确定应纳税所得额，合伙协议没有约定分配比例的，以全部生产经营所得（包括企业分配给投资者个人的所得和企业当年留存利润）和合伙人数量平均计算每个投资者的应纳税所得额。投资者应纳的个人所得税税款，按年计算，分月或分季预缴，年度终了后3个月内汇算清缴，多退少补。合伙企业生产经营所得和其他所得采取"先分后税"的原则。

自然人合伙人缴纳的个人所得税不属于合伙企业的税款，不能计入合伙企业的费用。对合伙企业来说，该项税款属于预扣预缴税款，应计入"其他应收款"，以后从合伙企业向合伙人分配的利润中扣减。合伙人为法人和其他组织的，该合伙人取得的生产经营所得和其他所得应缴纳企业所得税。

第六章　财务业务核算

第一节　应交税费业务核算

一、应交消费税

（一）消费税认知

1.消费税的概念及纳税人

消费税是指在我国境内生产、委托加工和进口应税消费品的单位和个人，按其流转额在特定环节征收的一种间接税。消费税对特定的某些消费品和消费行为征税。在境内生产、委托加工和进口规定的消费品的单位和个人，以及国务院确定的销售规定的消费品的其他单位和个人，为消费税的纳税人。

2.消费税计税方法和计税依据

（1）从价定率（大部分应税消费品适用）

应纳税额＝销售额 × 比例税率

销售额是指销售应税消费品向购买方收取的全部价款和价外费用，不包括增值税。

（2）从量定额（啤酒、黄酒和成品油）

应纳税额＝销售数量 × 单位税额

销售数量的确定：销售应税消费品的，为销售数量；自产自用应税消费品的，为移送使用数量；委托加工应税消费品的，为纳税人收回的应税消费品数量；进口应税消费品的，为海关核定的应税消费品进口征税数量。

（3）复合计征（白酒、卷烟生产销售、卷烟批发）

应纳税额＝销售额 × 比例税率+销售数量 × 单位税额

（二）消费税业务账务处理

企业应在"应交税费"账户下设置"应交消费税"明细账户，核算企业应交消费税的发生、交纳情况。该账户贷方登记应交的消费税，借方登记已交消费税，期末贷方余额反映企业尚未交的消费税，期末借方余额反映企业多交的消费税。

1.生产后直接销售的应税消费品

纳税人生产的应税消费品，于纳税人销售时纳税。企业销售应税消费品应交消费税时，借记"税金及附加"账户，贷记"应交税费——应交消费税"账户。

2.自产自用的应税消费品

自产自用的应税消费品用于连续生产应税消费品，移送环节不纳税（生产出的最终应税消费品销售时纳税）；用于其他方面的移送使用时纳税。用于其他方面是指纳税人将自产的应税消费品用于生产非应税消费品、在建工程、管理部门、非生产机构、提供劳务、馈赠、赞助、集资、广告、样品、职工福利、奖励等方面。用于其他方面的，于移送使用时，按照纳税人生产的同类消费品的销售价格计算纳税；没有同类消费品销售价格的，按照组成计税价格计算纳税。

企业将生产的应税消费品用于在建工程等非生产机构时，按规定应交纳的消费税借记"在建工程"等账户，贷记"应交税费——应交消费税"账户。

3.委托加工应税消费品

由委托方提供原料和主要材料，受托方只收取加工费和代垫部分辅助材料加工的应税消费品按委托加工应税消费品计算消费税。

委托加工应税消费品，一般由受托方代收代缴消费税。委托方支付给受托方的消费税，分不同情况分别进行账务处理。

①委托加工物资收回后，直接用于销售的，应将向受托方代收代缴的消费税计入委托加工物资的成本，借记"委托加工物资"等账户，贷记"应付账款""银行存款"等账户。

②委托加工物资收回后用于连续生产应税消费品的，按规定准予抵扣的，应按以由受托方代收代缴的消费税，借记"应交税费——应交消费税"账户，贷记"应付账款""银行存款"等账户，待用委托加工的应税消费品生产出应纳消费税的产品销售时，再交消费税。

4.进口应税消费品

单位和个人进口应税消费品，于报关进口时交消费税。进口环节交的消费税由海关代征。进口应税消费品应交的消费税按照组成计税价格和规定的税率计算消费税，计入该项进口物资的成本。借记"在途物资""材料采购""原材料""库存商品"等账户，贷记"银行存款"等账户。

二、应交其他税费

应交其他税费是指除上述应交税费以外的应交税费，包括应交资源税、应交城市维护建设税、应交教育费附加、应交土地增值税、应交房产税、应交土地使用税、应交车船税、应交个人所得税等。企业应当在"应交税费"账户下设置相应的明细账户进行核算，贷方登记应缴纳的有关税费，借方登记已缴纳的有关税费，期末贷方余额表示尚未缴纳的有关税费。

（一）应交资源税

资源税是对在我国境内开采矿产品或者盐的单位和个人征收的一种税。对外销售应税产品应缴纳的资源税应计入"税金及附加"账户，借记"税金及附加"账户，贷记"应交税费——应交资源税"账户；资产自用应税产品应缴纳的资源税应计入"生产成本""制造费用"等账户，借记"生产成本""制造费用"等账户，贷记"应交税费——应交资源税"账户。

（二）应交城市维护建设税

城市维护建设税是以增值税和消费税为计税依据而征收的一种税，其纳税人为交增值税和消费税的单位和个人，以纳税人实际交的增值税和消费税税额为计税依据，并分别与两项税金同时交，税率与纳税人所在地不同，从1%～7%不等。应纳税额计算公式为：

应纳税额＝（实际交纳的增值税＋实际交纳的消费税）×适用税率

企业按规定计算出应缴纳的城市维护建设税，借记"税金及附加"账户，贷记"应交税费——应交城市维护建设税"账户。交城市维护建设税时，借记"应交税费——应交城市维护建设税"账户，贷记"银行存款"账户。

（三）应交教育费附加

教育费附加是指为了加快发展地方教育事业，扩大地方教育经费资金来源而向企业征收的附加费用。教育费附加以纳税人实际缴纳的增值税和消费税税额为计税依据，按一定比例与增值税、消费税两项税金同时交。

应交教育费附加＝（应交增值税＋应交消费税）×3%

企业按规定计算出应缴纳的教育费附加，借记"税金及附加"账户，贷记"应交税费——应交教育费附加"账户。交教育费附加时，借记"应交税费——应交教育费附加"账户，贷记"银行存款"账户。

（四）应交土地增值税

土地增值税是对转让国有土地使用权、地上的建筑物及其附着物（以下简称"转让房地产"）并取得增值性收入的单位和个人征收的一种税。

土地增值税以纳税人转让房地产所取得的增值额为计税依据，再按照超率累进税率计算应纳税额。土地增值税采用四级超率累进税率，其中最低税率为30%，最高税率为60%。转让房地产的增值额是转让收入减去税法规定扣除项目金额后的余额，其中，转让收入包括货币收入、实物收入和其他收入；扣除项目，主要包括取得土地使用权所支付的金额、开发土地的成本及费用、新建房及配套设施的成本及费用、与转让房地产有关的税金、旧房及建筑物的评估价格、财政部规定的其他扣除项目等。

企业对房地产核算方法的不同，企业应交土地增值税的账务处理也有所不同。

①企业转让的土地使用权以及地上的建筑物及其附着物一并在"固定资产"账户核算的，转让时应交的土地增值税，借记"固定资产清理"账户，贷记"应交税费——应交土地增值税"账户。

②转让的土地使用权在"无形资产"账户核算的，借记"银行存款""累计摊销""无形资产减值准备"账户，按应交的土地增值税，贷记"应交税费——应交土地增值税"账户。同时冲销土地使用权的账面价值，贷记"无形资产"账户，按其差额借记或贷记"资产处置损益"账户。

③房地产开发经营企业销售房地产应缴纳的土地增值税，借记"税金及附加"账户，贷记"应交税费——应交土地增值税"账户。按税法规定预缴或缴纳土地增值税时，借记"应交税费——应交土地增值税"账户，贷记"银行存款"账户。

（五）应交契税、耕地占用税、车辆购置税

契税是以所有权发生转移变动的不动产为征税对象，向产权承受人征收的一种财产税。

耕地占用税是对占用耕地建房或者从事其他非农业建设的单位和个人，依据其实际占用耕地面积，按照规定税额一次性征收的一种税。

车辆购置税是对在境内购置规定车辆的单位和个人征收的一种税。

企业应交的契税、耕地占用税、车辆购置税不通过"应交税费"账户核算，而是在交税款时，直接计入有关资产的成本。

（六）应交个人所得税

企业职工按规定应交的个人所得税通常由单位代扣代交。企业按规定计算的代扣代交的职工个人所得税，借记"应付职工薪酬"账户，贷记"应交税费——应交个人所得税"账户，企业缴纳个人所得税时，借记"应交税费——应交个人所得税"账户，贷记"银行存款"等账户。

第二节　财务成果业务核算

一、收入业务核算

（一）收入的概念与特点

收入是指企业在日常活动中所形成的、会引起所有者权益增加的、与所有者投入资本无关的经济利益的总流入。收入是企业在日常经济活动中所产生的经济利益的总流入，具有以下特点。

①收入是从企业的日常活动中产生的，而不是从偶发的交易或事项中产生的。其中，日常活动是指企业为完成其经营目标所从事的经常性活动以及与之相关的活动。例如，工业企业制造并销售产品、商品流通企业销售商品、咨询公司提供咨询服务、软件公司为客户开发软件，安装公司提供安装服务、建筑企业提供建造服务等，均属于企业为完成其经营目标所从事的经常性活动，由此产生的经济利益的总流入构成收入。

②收入会导致所有者权益的增加。收入取得后可能表现为企业资产的增加，如增加银行存款或应收账款等；企业负债的减少，如以商品或劳务抵偿债务；二者兼而有之。因此，根据“资产＝负债＋所有者权益”的等式，企业取得的收入一定能增加所有者权益。

③收入与所有者投入资本无关。所有者投入资本主要是为谋求享有企业资产的剩余权益，由此形成的经济利益的流入不构成收入，而应确认为企业所有者权益的组成部分。

（二）收入的确认与计量

1.收入确认的原则

企业确认收入的方式应当反映其向客户转让商品（或提供服务，以下简称“转让商品”）的模式，收入的金额应当反映企业因转让这些商品（或服务，以下简称“商品”）而预期有权收取的对价金额。企业应当在履行了合同中的履约义务，即在客户取得相关商品控制权时确认收入。

客户是指与企业订立合同，已向该企业购买其日常活动产出的商品并支付对价的一方。所称的商品包括商品和服务。

取得相关商品控制权，是指能够主导该商品的使用并从中获得几乎全部的经济利益，也包括有能力阻止其他方主导该商品的使用并从中获得经济利益。企业在判断商品的控制

权是否发生转移时，应当从客户的角度进行分析，即客户是否取得了相关商品的控制权以及何时取得该控制权。取得商品控制权同时包括下列三项要素。一是客户必须拥有现时权利，能够主导该商品的使用并从中获得几乎全部经济利益时，才能确认收入。如果客户只能在未来的某一期间主导该商品的使用并从中获益，则表明其尚未取得该商品的控制权。二是客户有能力主导该商品的使用，即客户在其活动中有权使用该商品，或者能够允许或阻止其他方使用该商品。三是客户能够获得商品几乎全部的经济利益。客户必须拥有获得商品几乎全部经济利益的能力，才能被视为获得了对该商品的控制。商品的经济利益是指该商品的潜在现金流量，既包括现金流入的增加，也包括现金流出的减少。客户可以通过使用、消耗、出售、处置、交换、抵押或持有等方式直接或间接地获得商品的经济利益。

2.收入确认的一般条件

企业与客户之间的合同同时满足下列五项条件的，企业应当在客户取得相关商品控制权时确认收入。

①合同各方已批准该合同并承诺将履行各自义务。

②该合同明确了合同各方与所转让的商品相关的权利和义务。

③该合同有明确的与所转让的商品相关的支付条款。

④该合同具有商业实质，即履行该合同将改变企业未来现金流量的风险、时间分布或金额。

⑤企业因向客户转让商品而有权取得的对价很可能收回。企业在进行上述判断时，需要注意下列三点：合同约定的权利和义务是否具有法律约束力，如果合同各方均有权单方面终止完全未执行的合同，且无须对合同其他方作出补偿，则该合同应当被视为不存在；合同具有商业实质，没有商业实质的非货币性资产交换，无论何时，均不应确认收入；从事相同业务经营的企业之间，为便于向客户或潜在客户销售而进行的非货币性资产交换（如两家石油公司之间相互交换石油，以便及时满足各自不同地点客户的需求），不应当确认收入。企业在评估其因向客户转让商品而有权取得的对价是否很可能收回时，仅应考虑客户到期时支付对价的能力和意图（客户的信用风险）。当对价是可变对价时，由于企业可能会向客户提供价格折让，企业有权收取的对价金额可能会低于合同标价，因此企业应当在估计交易价格时进行考虑。

（三）收入核算应设置的账户

企业应当正确记录和反映与客户之间的合同产生的收入及相关成本费用。一般要设置"主营业务收入""其他业务收入""主营业务成本""其他业务成本""合同履约成本""合同取得成本""合同资产""合同负债"等账户。

"主营业务收入"账户核算企业确认的销售商品、提供服务等主营业务的收入。该账户贷方登记企业主营业务活动实现的收入，借方登记期末转入"本年利润"账户的主营业务收入，结转后该账户无余额。该账户可按主营业务的种类进行明细核算。

"其他业务收入"账户用以核算企业确认的除主营业务活动以外的其他经营活动实现的收入，包括出租固定资产、出租无形资产、出租包装物和商品、销售材料、用材料进行非货币性交换（非货币性资产交换具有商业实质且公允价值能够可靠计量）或债务重组等实现的收入。该账户贷方登记企业发生的其他业务收入，借方登记月末结转到"本年利润"账户中的其他业务收入，结转后本账户应无余额。该账户按照其他业务收入的项目设置明细账户，进行明细核算。

"主营业务成本"账户核算企业确认销售商品、提供服务等主营业务收入时应结转的成本。该账户借方登记企业应结转的主营业务成本，贷方登记期末转入"本年利润"账户的主营业务成本，结转后该账户无余额。该账户可按主营业务的种类进行明细核算。期末，企业应根据本期销售各种商品、提供各种服务等的实际成本，计算应结转的主营业务成本，借记本账户，贷记"库存商品""合同履约成本"等账户。

"其他业务成本"账户核算企业确认的除主营业务活动以外的其他经营活动所发生的成本，包括销售材料的成本、出租固定资产的折旧额、出租无形资产的摊销额、出租包装物的成本或摊销额等。该账户借方登记企业发生的其他业务成本，贷方登记月末结转到"本年利润"账户中去的其他业务成本，结转后本账户无余额。该会计账户按照其他业务成本的种类设置明细账户，进行明细核算。

"合同履约成本"账户核算企业为履行当前或预期取得的合同所发生的、不属于其他企业会计准则规范范围且按收入准则应当确认为一项资产的成本。该账户借方登记发生的合同履约成本，贷方登记摊销的合同履约成本，期末借方余额反映企业尚未结转的合同履约成本。本账户可按合同，分为"服务成本""工程施工"等进行明细核算。

"合同取得成本"账户核算企业取得合同发生的、预计能够收回的增量成本。该账户借方登记发生的合同取得成本，贷方登记摊销的合同取得成本，期末借方余额反映企业尚未结转的合同取得成本，该账户可按合同进行明细核算。

"合同资产"账户核算企业已向客户转让商品而有权收取对价的权利，且该权利取决于时间流逝之外的其他因素（如履行合同中的其他履约义务）。该账户借方登记因已转让商品而有权收取的对价金额，贷方登记取得无条件收款权的金额。期末借方余额反映企业已向客户转让商品而有权收取的对价金额，该账户可按合同进行明细核算。

合同资产是指企业已向客户转让商品而有权收取对价的权利，且该权利取决于时间流逝之外的其他因素。应收款项是企业无条件收取合同对价的权利。只有在合同对价到期支付之前仅仅随着时间的流逝即可收款的权利，才是无条件的收款权；合同资产和应收款项都是企业拥有的有权收取对价的合同权利。二者的区别在于，应收款项代表的是无条件收取合同对价的权利，即企业仅仅随着时间的流逝即可收款，而合同资产并不是一项无条件收款权，该权利除了时间流逝之外，还取决于其他条件（如履行合同中的其他履约义务）才能收取相应的合同对价。因此，与合同资产和应收款项相关的风险是不同的，应收款项仅承担信用风险，而合同资产除承担信用风险之外，还可能承担其他风险，如履约风险等。

"合同负债"账户核算企业已收或应收客户对价而应向客户转让商品的义务。该账户贷方登记企业在向客户转让商品之前，已经收到货并已经取得无条件收取合同对价权利的金额；借方登记企业向客户转让商品时冲销的金额。期末贷方余额反映企业在向客户转让商品之前，已经收到的合同对价或已经取得的无条件收取合同对价权利的金额，该账户按合同进行明细核算。

（四）履行履约义务确认收入的账务处理

1.在某一时点履行履约义务确认收入

对于在某一时点履行的履约义务，企业应当在客户取得相关商品控制权时确认收入。在判断客户是否已取得商品控制权时，企业应当考虑下列迹象。

①企业就该商品享有现时收款权利，即客户就该商品负有现时付款义务。例如，甲企业与客户签订销售商品合同，约定客户有权定价且在收到商品无误后15日内付款，在客户收到甲企业开具的发票且商品验收入库后，客户能够自主确定商品的销售价格或商品的使用情况，此时甲企业享有收款权利，客户负有现实付款义务。

②企业已将该商品的法定所有权转移给客户，即客户已拥有该商品的法定所有权。例如，房地产企业向客户销售商品房，在客户付款后取得房屋产权证时，表明企业已将该商品房的法定所有权转移给客户。

③企业已将该商品实物转移给客户，即客户已占有该商品实物。例如，企业与客户签订交款提货合同，企业销售商品并送货到客户指定地点，客户验收合格并付款，表明企业已将该商品实物转移给客户，即客户已占有该商品实物。

④企业已将该商品所有权上的主要风险和报酬转移给客户，即客户已取得该商品所有权上的主要风险和报酬。其中，与商品所有权有关的风险，是指商品可能发生减值或毁损等形成的损失；与商品所有权有关的报酬，是指商品价值增值或通过使用商品等形成的经济利益。判断企业是否已将商品所有权上的主要风险和报酬转移给购货方，应当关注交易的实质，并结合所有权凭证的转移进行判断。如果与商品所有权有关的任何损失均不需要销货方承担，与商品所有权有关的任何经济利益也不归销货方所有，就意味着商品所有权上的主要风险和报酬转移给了购货方。如果商品由于贬值、损坏、报废等造成的损失已不由销售企业承担，则说明商品所有权的主要风险已转移；商品中包含的未来经济利益

（如未来由于商品升值带来的利益）已不属于销售企业所有，则说明商品所有权上的报酬已转移。例如，房地产公司向客户销售商品房并办理产权转移手续后，该商品房价格上涨或下跌带来的利益或损失全部属于客户，表明客户已取得该商品房所有权上的主要风险和报酬。

⑤客户已接受该商品。当商品通过了客户的验收时，通常表明客户已接受该商品。企业在判断是否已经将商品的控制权转移给客户时，应当考虑客户是否已接受该商品，特别是客户的验收是否仅仅是一个形式。例如，企业向客户销售为其定制生产的设备，客户收到设备验收合格后办理入库手续，表明客户已接受该商品。

2.在某一时段内履行履约义务确认收入

对于在某一时段内履行的履约义务，企业应当在该段时间内按照履约进度确认收入，履约进度不能合理确定的除外。满足下列条件之一的，属于在某一时段内履行的履约义务，相关收入应当在该履约义务履行的期间内确认；客户在企业履约的同时即取得并消耗企业履约所带来的经济利益；客户能够控制企业履约过程中在建的商品；企业履约过程中所产出的商品具有不可替代用途，且该企业在整个合同期间内有权就累计至今已完成的履约部分收取款项。

企业应当采用恰当的方法确定履约进度，以使其如实反映企业向客户转让商品的履约情况。企业按照履约进度确认收入时，通常应当在资产负债表日按照合同的交易价格总额乘以履约进度再扣除以前会计期间累计确认的收入后的金额，确认为当期收入；同时，按照履行合同估计发生的总成本乘以履约进度再扣除以前会计期间累计确认的合同成本后的金额，结转当期成本。

企业应当考虑商品的性质，采用产出法或投入法来确定恰当的履约进度，并且在确定履约进度时，应当扣除那些控制权尚未转移给客户的商品和服务。产出法主要是根据已转移给客户的商品对于客户的价值来确定履约进度，主要包括按照实际测量的完工进度、评估已实现的结果、已达到的里程碑、时间进度、已完工或交付的产品等。投入法主要是根据企业履行履约义务的投入来确定履约进度，主要包括已投入的材料数量、花费的人工工时或机器工时、发生的成本和时间进度等投入指标。

当履约进度不能合理确定时，企业已经发生的成本预计能够得到补偿的，应当按照已经发生的成本金额确认收入，直到履约进度能够合理确定为止。

二、费用业务核算概括

（一）费用的概念和特点

费用是指企业在日常活动中发生的、会导致所有者权益减少的、与向所有者分配利润无关的经济利益的总流出。费用包括企业日常活动所产生的经济利益的总流出，主要指企业为取得营业收入而进行产品销售等营业活动所发生的企业货币资金的流出，具体包括营业成本、税金及附加和期间费用。该费用具有以下特点。

1.费用是日常活动中发生的经济利益的总流出

日常活动是指企业为完成其经营目标而从事的经常性活动以及与之相关的其他活动。工业企业制造并销售产品、商业企业购买并销售商品、咨询公司提供咨询服务、软件开发企业为客户开发软件、安装公司提供安装服务、租赁公司出租资产等活动发生的经济利益的总流出构成费用。工业企业对外出售不需用的原材料结转的材料成本，也构成费用。

费用形成于企业日常活动的特征使其与产生于非日常活动的损失相区分。企业从事或发生的某些活动或事项也能导致经济利益流出企业，但不属于企业的日常活动。

2.费用会导致企业所有者权益减少

费用既可能表现为资产的减少，如减少银行存款、库存商品等，也可能表现为负债的增加，如增加应付职工薪酬、应交税费等。

根据"资产－负债＝所有者权益"的会计等式，费用也定会导致企业所有者权益的减少。

企业经营管理中的某些支出并不减少企业的所有者权益，也就不构成费用。例如，企业以银行存款偿还一项负债，只是一项资产和一项负债的等额减少，对所有者权益没有影响，因此，不构成企业的费用。

3.费用与向所有者分配利润无关

费用的发生会导致经济利益流出，从而导致资产的减少或负债的增加（最终也会导致资产的减少）。其表现形式包括现金或者现金等价物的流出，存货、固定资产和无形资产等的流出或消耗等。企业向所有者分配利润也会导致经济利益的流出，而该经济利益流出属于投资者投资的回报分配，是所有者权益的直接抵减项目，不应该确认为费用，属于企业利润分配的内容，不构成企业的费用。

（二）费用的主要内容

费用具体包括营业成本、税金及附加和期间费用。

1.营业成本

营业成本是指企业为生产产品、提供劳务等发生的可归属于产品成本、劳务成本的费用，应当在确认销售商品收入，提供劳务收入等时，将以销售商品、提供劳务的成本等计入当期损益。营业成本包括主营业务成本、其他业务成本。

（1）主营业务成本

主营业务成本是指企业销售商品、提供劳务等经常性活动所发生的成本。企业一般在确认销售商品、提供劳务等主营业务收入时，或在月末，将已销售商品、已提供劳务的成本结转入主营业务成本。

（2）其他业务成本

其他业务成本是指企业除主营业务活动以外的其他经济活动所发生的成本。其他业务成本包括销售材料的成本、出租固定资产的折旧额、出租无形资产的摊销额，出租包装物的成本或摊销额等。采用成本模式计量投资性房地产的，其投资性房地产计提的折旧或摊销额，也构成其他业务成本。

2.税金及附加

税金及附加是指企业经营活动应负担的相关税费，包括消费税、城市维护建设税、教育费附加、资源税、房产税、城镇土地使用税、车船税、印花税等。

3.期间费用

期间费用是指企业日常活动发生的不能计入特定核算对象的成本，而应计入发生当期损益的费用。期间费用发生时直接计入当期损益。期间费用包括销售费用、管理费用和财务费用。

期间费用是企业日常活动中发生的经济利益的流出。之所以不计入特定的成本核算对象，主要是因为期间费用是企业为组织和管理整个经营活动而发生的费用，与可以确定特定成本核算对象的材料采购、产成品生产等没有直接关系，因而期间费用不计入有关核算对象的成本，而是直接计入当期损益。

期间费用包含以下两种情况：一是企业发生的支出不产生经济利益，或者即使产生经济利益但不符合或者不再符合资产确认条件的，应当在发生时确认为费用，计入当期损益；二是企业发生的交易或者事项导致其承担了一项负债，而又不确认为一项资产的，应当在发生时确认为费用，计入当期损益。

（1）销售费用

销售费用是指企业销售商品和材料、提供劳务的过程中发生的各种费用，包括企业在销售商品过程中发生的保险费、包装费、展览费和广告费、商品维修费、预计产品质量保证损失、运输费、装卸费等以及为销售本企业商品而专设的销售机构（含销售网点、售后服务网点等）的职工薪酬、业务费、折旧费等经营费用。企业发生的与专设销售机构相关的固定资产日常修理费用等后续支出属于销售费用。销售费用是与企业销售商品活动有关的费用，但不包括销售商品本身的成本和劳务成本，这两类成本属于主营业务成本。

（2）管理费用

管理费用是指企业为组织和管理生产经营活动而发生的各种费用，包括企业在筹建期间内发生的开办费、董事会和行政管理部门在企业的经营管理中发生的以及应由企业统一负担的公司经费（包括行政管理部门职工薪酬、物料消耗、低值易耗品摊销、办公费和差旅费等）、行政管理部门负担的工会经费、董事会经费（包括董事会成员津贴、会议费和差旅费等）、聘请中介机构费、咨询费（含顾问费）、诉讼费、业务招待费、技术转让费、研究费用、排污费以及企业生产车间（部门）和行政管理部门发生的固定资产修理费等。

（3）财务费用

财务费用是指企业为筹集生产经营所需资金等而发生的筹资费用，包括利息支出（减去利息收入）、汇兑损益以及相关的手续费、企业发生的现金折扣或收到的现金折扣等。

（三）费用业务核算

1.主营业务成本的核算

企业应当设置"主营业务成本"账户，按照主营业务的种类进行明细核算。该账户用于核算企业因销售商品、提供劳务或让渡资产使用权等日常活动而发生的实际成本，借记该账户，贷记"库存商品""劳务成本"等账户。期末，将主营业务成本的余额转入"本年利润"账户，借记"本年利润"，贷记该账户，结转后该账户无余额。

2.其他业务成本的核算

企业应当设置"其他业务成本"账户，核算企业确认的除主营业务活动以外的其他经济活动所发生的成本，包括销售材料的成本、出租固定资产的折旧额、出租无形资产的摊销额；出租包装物的成本或摊销额等。企业发生的其他业务成本，借记该账户，贷记"原材料""周转材料""累计折旧""累计摊销""应付职工薪酬""银行存款"等账户。本账户按照其他业务成本的种类进行明细核算。期末，将其他业务成本的余额转入"本年利润"账户，借记"本年利润"，贷记该账户，结转后该账户无余额。

3.税金及附加的核算

企业应当设置"税金及附加"账户，核算企业经营活动发生的消费税、城市维护建设税、教育费附加、资源税、房产税、城镇土地使用税、车船税、印花税等相关税费。其中，按规定计算确定的与经营活动相关的消费税、城市维护建设税、资源税、教育费附加、房产税、城镇土地使用税、车船税等税费，企业应借记"税金及附加"账户，贷记"应交税费"账户。期末，应将"税金及附加"账户余额转入"本年利润"账户，结转后，"税金及附加"账户无余额。企业缴纳的印花税，不会发生应付未付税款的情况，不需要预计应纳税金额，同时也不存在与税务机关结算或者清算的问题。因此，企业交的印花税不通过"应交税费"账户核算，而是于购买印花税票时，直接借记"税金及附加"账户，贷记"银行存款"账户。

4.销售费用的核算

企业应设置"销售费用"账户，核算销售费用的发生和结转情况。该账户借方登记企业所发生的各项销售费用，贷方登记期末结转入"本年利润"账户的销售费用，结转后该账户应无余额。该账户应按销售费用的费用项目进行明细核算。

5.管理费用的核算

企业应设置"管理费用"账户，核算管理费用的发生和结转情况。该账户借方登记企业发生的各项管理费用，贷方登记期末转入"本年利润"账户的管理费用，结转后该账户应无余额。该账户应按管理费用的费用项目进行明细核算。商品流通企业管理费用不多的，可不设本账户，相关核算内容，可并入"销售费用"账户核算。

6.财务费用的核算

企业应设置"财务费用"账户来核算财务费用的发生和结转情况。该账户借方登记企业发生的各项财务费用，贷方登记期末结转入"本年利润"账户的财务费用，结转后该账户应无余额。该账户应按财务费用的费用项目进行明细核算。

三、利润形成业务核算

（一）利润的构成

利润是指企业在一定会计期间的经营成果。利润包括收入减去费用的净额、直接计入当期利润的利得和损失等。未计入当期利润的利得和损失扣除所得税影响后的净额计入其他综合收益项目。净利润与其他综合收益的合计金额为综合收益总额。利得是指企业非日常活动形成的、会导致所有者权益发生增加的、与所有者投入资本无关的经济利益的流入。损失是指企业非日常活动形成的、会导致所有者权益发生减少的、与向所有者分配利润无关的经济利益的流出。根据我国《企业会计准则》的规定，企业的利润一般包括营业利润、利润总额和净利润。

1.营业利润

营业利润是指企业日常生产经营活动及相关活动所形成的经营成果，是企业生产经营活动的主要成果，是企业利润的主要来源。营业利润主要由主营业务利润和其他业务利润构成。其计算公式为：

营业利润＝营业收入－营业成本－税金及附加－销售费用－管理费用－财务费用＋其他收益＋投资收益（－投资损失）＋净敞口套期收益（－净敞口套期损失）＋公允价值变动收益（－公允价值变动损失）－信用减值损失－资产减值损失＋资产处置收益（－资产处置损失）

其中，营业收入是指企业经营业务所确认的收入总额，由主营业务收入和其他业务收入构成；营业成本是指企业经营业务所发生的成本，包括主营业务成本和其他业务成本；其他收益主要是指与企业日常活动相关，除冲减成本费用以外的政府补助；投资净收益

（或损失）是企业以各种方式对外投资所取得的收益（或损失）；公允价值变动收益（或损失）是指企业交易性金融资产等公允价值变动形成的应计入当期损益的利得（或损失）；资产减值损失是指企业计提各项资产减值准备时所形成的损失，如计提的坏账准备，存货跌价准备和固定资产减值准备等形成的损失；资产处置收益（-资产处置损失）反映企业出售划分为持有待售的非流动资产（金融工具、长期股权投资和投资性房地产除外）或处置组（子公司和业务除外）时确认的处置利得或损失，以及处置未划分为持有代售的固定资产、在建工程、生产性生物资产及无形资产而产生的处置利得或损失，还包括债务重组中因处置非流动资产而产生的利得或损失和非货币性资产交换中换出非流动资产而产生的利得或损失。

2.利润总额

利润总额是指税前利润，也就是企业在缴纳所得税前一定时期内全部经营活动的总成果。其计算公式为：

利润总额＝营业利润+营业外收入－营业外支出

其中，营业外收入是指企业发生的与其日常活动无直接关系的各项利得；营业外支出是指企业发生的与其日常活动无直接关系的各项损失。

3.净利润

企业的净利润为利润总额减去所得税费用后的余额，在实际工作中也称"税后利润"。其计算公式为：

净利润＝利润总额－所得税费用

（二）直接计入当期损益的利得和损失的核算（营业外收支的核算）

1.营业外收入的核算

营业外收入是指企业发生的与其日常活动无直接关系的各项利得。它是企业利润总额的一项重要补充内容。在会计核算上，应当严格区分营业外收入与营业收入的界限。营业外收入并不是企业经营资金耗费产生的，实际是企业经济利益的净流入，不需要与有关的费用进行配比。营业外收入主要包括非流动资产毁损报废收益、盘盈利得、捐赠利得、非货币性资产交换利得、债务重组利得、转销应付账款等。

其中，非流动资产毁损报废收益指因自然灾害等发生毁损、已丧失使用功能而报废非流动资产所产生的清理收益；盘盈利得指企业对现金等资产清查盘点时发生盘盈，报经批准后计入营业外收入的金额；捐赠利得指企业接受捐赠产生的利得。

企业应设置"营业外收入"账户来核算企业发生的各项营业外收入，本账户可按营业外收入项目进行明细核算。企业发生营业外收入时，计入"营业外收入"账户的贷方，期末将"营业外收入"账户的贷方余额转入"本年利润"账户，结转后应无余额。

①企业确认处置非流动资产毁损报废收益时，借记"固定资产清理""银行存款""待处理财产损溢""无形资产"等账户，贷记"营业外收入"账户。

②企业确认盘盈利得、捐赠利得计入营业外收入时，借记"库存现金""待处理财产损溢"等账户，贷记"营业外收入"账户。

③期末，将"营业外收入"账户余额转入"本年利润"账户，借记"营业外收入"账户，贷记"本年利润"账户，结转后"营业外收入"账户应无余额。

2.营业外支出的核算

营业外支出是指企业发生的与其日常活动无直接关系的各项损失。它是企业利润总额的减项。营业外支出主要包括非流动资产毁损报废损失、公益性捐赠支出、罚款支出、非常损失、非货币性资产交换损失、债务重组损失等。

其中，非流动资产毁损报废损失指因自然灾害等发生毁损、已丧失使用功能而报废非流动资产所产生的清理损失；公益性捐赠支出指企业对外进行公益性捐赠发生的支出；盘亏损失主要指财产清查盘点中盘亏的资产，在查明原因并报经批准计入营业外支出的损失；罚款支出指企业支付的行政罚款、税务罚款以及其他违反法律法规、合同协议等支付的罚款、违约金、赔偿金等支出；非常损失指企业因客观因素（如自然灾害等）造成的损失，在扣除保险公司赔款后计入营业外支出的净损失。

企业应设置"营业外支出"账户来核算企业发生的各项营业外支出，本账户可按支出项目进行明细核算。企业发生营业外支出时，应计入"营业外支出"账户的借方，期末应将"营业外支出"账户的借方余额转入"本年利润"账户，结转后应无余额。

（三）所得税费用的核算

1.会计利润与应纳税所得额之间的差异

会计利润是按会计准则的要求，采用一定的会计程序与方法确定的所得税前利润总额。应纳税所得额是按照所得税法的要求，以一定期间应税收入减除税法准予扣除的项目后计算的应税所得。由于二者的确定依据和目的不同，因此它们之间存在一定的差异。这种差异按其性质可分为永久性差异和暂时性差异。

（1）永久性差异

永久性差异是指某一会计期间，由于《企业会计准则》和《企业所得税法》在计算收益、费用或损失时的口径不同所产生的税前会计利润与应纳税所得额之间的差异。例如，企业购买国债取得的利息收入，在会计核算上作为投资收益，计入当期税前利润，但根据税法规定不属于应税收入，不计入应纳税所得额。再例如，对于企业支付的违法经营罚款、税收滞纳金等，在会计上作为营业外支出，计入利润表，但税法规定计算应纳税所得额时不允许税前扣除。永久性差异的特点是在本期发生，不会在以后期间转回。

（2）暂时性差异

暂时性差异是指资产、负债的账面价值与其计税基础不同产生的差异，该差异的存在将影响未来期间的应纳税所得额。例如，按照《企业会计准则》的规定，交易性金融资产期末应以公允价值计量，公允价值的变动损益计入当期损益；但按照《企业所得税法》的规定，交易性金融资产在持有期间其公允价值变动不计入应纳税所得额，待处置交易性金融资产时，按实际取得成本从处置收入中扣除，即交易金融资产的计税基础是初始投资成本，由此产生了交易性金融资产的账面价值与其计税基础之间的差异。暂时性差异的特点是发生于某一会计期间，但在以后期间内能够转回。

2.所得税的会计处理方法

（1）应付税款法

应付税款法是指企业不确认暂时性差异对所得税的影响金额，按照当期计算的应交所得税来确认当期所得税费用的方法。在这种方法下，当期确认的所得税费用等于当期应交的所得税。

（2）纳税影响会计法

纳税影响会计法是指企业确认暂时性差异对所得税的影响金额，按照当期应交所得税和暂时性差异对所得税影响金额的合计数来确认所得税费用的方法。

纳税影响会计法又有递延法和债务法之分，而债务法又分为利润表债务法和资产负债表债务法。

（3）资产负债表债务法

资产负债表债务法是从资产负债表出发，通过比较资产负债表上列示的资产、负债，按照《企业会计准则》规定确定的账面价值与按照《企业所得税法》规定确定的计税基础，对于二者之间的差额分为应纳税暂时性差异与可抵扣暂时性差异，确认相关的递延所得税负债与递延所得税资产，并在此基础上确定每一会计期间利润表中的所得税费用。

（四）本年利润的结转

1.结转本年利润的方法

会计期末，结转本年利润的方法有表结法和账结法两种。

（1）表结法

表结法下，各损益类账户每月月末只需结计出本月发生额和月末累计余额，不结转到"本年利润"账户，只有在年末时才将全年累计余额结转入"本年利润"账户。但每月月末要将损益类账户的本月发生额合计数填入利润表的本月数栏，同时将本月末累计余额填入利润表的本年累计数栏，通过利润表计算反映各期的利润（或亏损）。表结法下，年中损益类账户无须结转入"本年利润"账户，从而减少了转账环节和工作量，同时这并不影响利润表的编制及有关损益指标的利用。

（2）账结法

账结法下，每月月末均需编制转账凭证，将在账上结计出的各损益类账户的余额结转入"本年利润"账户。结转后，"本年利润"账户的本月余额反映当月实现的利润或发生的亏损。"本年利润"账户的本年余额反映本年累计实现的利润或发生的亏损。账结法在各月均可通过"本年利润"账户提供当月及本年累计的利润（或亏损）额，但增加了转账环节和工作量。

2.结转本年利润的账务处理

企业应设置"本年利润"账户，核算企业本年度实现的净利润（或发生的净亏损）。会计期末，企业应将"主营业务收入""其他业务收入""其他收益""营业外收入"等账户的余额分别转入"本年利润"账户的贷方，将"主营业务成本""其他业务成本""税金及附加""销售费用""管理费用""财务费用""资产减值损失""营业外支出""所得税费用"等账户的余额分别转入"本年利润"账户的借方。企业还应将"公允价值变动损益""资产处置损益""投资收益"账户的净收益转入"本年利润"账户的贷方，将"公允价值变动损益""资产处置损益""投资收益"账户的净损失转入"本年利润"账户的借方。结转后，"本年利润"账户如为贷方余额，则表示当年实现的净利润；如为借方余额，则表示当年发生的净亏损。

年度终了，企业还应将"本年利润"账户的本年累计余额转入"利润分配——未分配利润"账户。如"本年利润"为贷方余额，则借记"本年利润"账户，贷记"利润分配——未分配利润"账户；如为借方余额，则做相反的会计分录，借记"利润分配——未分配利润"账户，贷记"本年利润"账户。结转后，"本年利润"账户应无余额。

第二节 财务报表编制

一、资产负债表编制

（一）资产负债表的概念和作用

1.资产负债表的概念及编制原理

资产负债表是反映企业在某一特定日期（月末、季末、半年末和年末）财务状况的会计报表，是企业经营活动的静态体现。

财务状况是指企业的资产、负债、所有者权益及其相互关系。因此，资产负债表是根据"资产＝负债＋所有者权益"这一会计等式，按照一定的分类标准和一定的次序，将企

业在某一特定日期的全部资产、负债和所有者权益项目进行适当排列编制而成的，能够提供企业在某一特定日期，资产、负债和所有者权益的全貌。资产负债表是以企业资产、负债和所有权益的静态状况来说明企业某一特定日期财务状况的，因而又称为财务状况表，它是企业的主要财务报表之一。

2.资产负债表的作用

①通过编制资产负债表，可以反映企业资产的构成及其状况，分析企业在某一日期拥有或控制的经济资源及其分布情况，为分析企业生产经营能力提供重要资料。

②通过编制资产负债表，可以反映企业某一日期的负债总额及其结构，分析企业目前与未来需要支付的债务数额，为分析企业的财务风险提供重要资料。

③通过编制资产负债表，可以反映企业所有者权益情况，了解企业现有的投资者在企业资产中所占的份额，为分析了解企业的财务实力提供依据。

④通过资产负债表，可以帮助报表使用者全面了解企业的财务状况，分析企业的债务偿还能力，从而为未来的经济决策提供重要的信息。

（二）资产负债表的结构

根据对信息的不同需求，资产负债表中各项目的具体排列格式一般分为账户式和报告式两种。根据国家统一会计制度的规定，我国企业的资产负债表采用账户式。

账户式资产负债表分为左右两方，左方列示资产项目，右方列示负债和所有者权益项目。左方资产项目是按其流动性大小排列的，首先是流动资产的各个项目，然后是非流动资产的各个项目；右方负债和所有者权益项目，一般是按求偿时间的先后顺序排列的，首先是流动负债的各个项目，然后是非流动负债的各个项目，所有者权益在企业正常生产经营的情况下，或者在企业解散清算之前无须偿还。因此，最后列示其各个项目。通过账户式资产负债表，反映企业资产、负债和所有者权益之间的内在关系，并达到资产负债表左方和右方的平衡，其资产各项目的合计等于负债和所有者权益各项目的合计。

账户式资产负债表通常包括表头和表体两部分。表头部分应列明报表名称、编制单位名称、资产负债表日、报表编号和计量单位；表体部分是资产负债表的主体，列示了用以说明企业财务状况的各个项目，包括资产项目、负债项目和所有者权益项目的期末余额和上年年末余额。

（三）资产负债表的编制

1.资产负债表"上年年末余额"栏各项目的列报依据和方法

"上年年末余额"栏各项目的数字，应根据上年年末资产负债表"期末余额"栏内相应的数字填列。如果本年度资产负债表规定的各个项目的名称和内容与上年度不相一致，则应当对上年年末资产负债表各个项目的名称和数字按照本年度的规定进行调整，按照调整后的数字填入本表"上年年末余额"栏。

2.资产负债表"期末余额"栏各项目的列报依据和方法

资产负债表是反映企业某一特定日期资产和权益的分布状况及其数额的会计报表，企业某一特定日期资产和权益的分布状况及其数额则表现为资产类账户和权益类账户的期末余额。所以，资产负债表上各项目的"期末金额"，主要是依据总账户和有关明细账户的期末余额列报的。其中，大部分项目的"期末余额"可以依据有关账户的期末余额直接填列，一部分项目的"期末余额"需根据有关账户的期末余额分析、合并、计算填列。

3.资产负债表"期末余额"栏各项目的填列说明

（1）资产项目填列说明举例

①"货币资金"项目，反映企业库存现金、银行结算户存款、外埠存款、银行汇票存款、银行本票存款、信用卡存款、信用保证金存款等的合计数。本项目应根据"库存现金""银行存款""其他货币资金"总账户的期末余额合计数填列。

②"交易性金融资产"项目，反映企业资产负债表日分类为以公允价值计量且变动计入当期损益的金融资产，以及企业持有的直接指定为以公允价值计量且其变动计入当期损益的金融资产的期末账面价值。该项目应根据"交易性金融资产"账户的相关明细账户期末余额分析填列。自资产负债表日起，超过一年到期且预期持有超过一年的以公允价值计量且变动计入当期损益的非流动金融资产的期末价值，在"其他非流动资产"项目反映。

③"应收票据"项目，反映资产负债表日以摊余成本计量的、企业因销售商品、提供劳务等经营活动而收到的商业汇票，包括商业承兑汇票和银行承兑汇票。本项目应根据"应收票据"账户的期末余额减去"坏账准备"中有关应收票据计提的坏账准备余额后的净额填列。

④"应收账款"项目，反映资产负债表日以摊余成本计量的、企业因销售商品、提供劳务等经营活动而应收取的款项。本项目应根据"应收账款"所属明细账户借方余额加"预收账款"所属明细账户借方余额，减去相应"坏账准备"期末余额后的金额填列。如"应收账款"账户所属明细账户期末有贷方余额，则应在资产负债表"预收款项"项目填列。

⑤"应收账款融资"项目，反映资产负债表日以公允价值计量且其变动计入其他综合收益的应收票据和应收账款等。

⑥"预付款项"项目，反映企业按照购货合同规定预付给购买单位的款项。本项目根据"预付账款"和"应付账款"账户所属各明细账户的期末借方余额合计，减去"坏账准备"账户中有关预付账款计提的坏账准备期末余额后的净额填列。如"预付账款"账户所属明细账户期末有贷方余额，则应在资产负债表"应付账款"项目内填列。

⑦ "其他应收款"项目，反映企业除应收票据及应收账款、预付款项等经营活动以外的其他应收、暂付的款项。本项目应根据"应收利息""应收股利""其他应收款"总账户的期末余额合计数，减去"坏账准备"账户中相关坏账准备期末余额后的金额填列。其中，"应收利息"仅反映相关金融工具已到期可收取但于资产负债表日尚未收到的利息。基于实际利率法计提的金融工具的利息应包含在相应金融工具的账面余额中。

⑧ "存货"项目，反映企业期末在库、在途和在加工中的各项存货的可变现净值或成本（成本与可变现净值孰低）。存货包括各种原材料、商品、在产品、半成品、发出商品、包装物、低值易耗品等。本项目应根据"在途物资（材料采购）""原材料""库存商品""周转材料""委托加工物资""生产成本""受托代销商品"等总账户的期末余额合计，减去"受托代销商品款""存货跌价准备"账户期末余额后的净额填列。材料采用计划成本核算以及库存商品采用计划成本或售价核算的企业，应按加或减材料成本差异、商品进销差价后的金额填列。

（2）负债项目填列说明举例

① "短期借款"项目，反映企业向银行或其他金融机构借入的尚未归还的一年期以下（含一年）的借款。本项目应根据"短期借款"账户的期末余额填列。

② "交易性金融负债"项目，反映企业资产负债表日承担的交易性金融负债，以及企业持有的直接指定为以公允价值计量且其变动计入当期损益的金融负债的期末账面价值。本项目应根据"交易性金融负债"账户的相关明细账期末余额填列。

③ "应付票据"项目，反映资产负债表日以摊余成本计量的，企业因购买材料、商品和接受服务等经营活动而开出承兑的商业汇票，包括银行承兑汇票和商业承兑汇票。该项目根据"应付票据"账户的期末余额填列。

④ "应付账款"项目，反映资产负债表日以摊余成本计量的，企业因购买材料、商品和接受服务等经营活动应支付的款项。该项目根据"应付账款"和"预付账款"账户所属的相关明细账户的期末贷方余额合计数填列。如"应付账款"账户所属明细账户出现借方余额，则应在资产负债表"预付款项"项目内填列。

⑤ "预收款项"项目，反映企业按合同规定预收供应单位的款项。本项目根据"预收账款"和"应收账款"账户所属各明细账户的期末贷方余额合计填列。如"预收账款"账户所属明细账户出现借方余额，则应在资产负债表"应收账款"项目内填列。

⑥ "应付职工薪酬"项目，反映企业为获得职工提供的服务或解除劳动关系而给予的各种形式的报酬或补偿。本项目应根据"应付职工薪酬"账户所属的各明细账的期末贷方余额分析填列，如"应付职工薪酬"账户期末为借方余额，以"－"号填列。外商投资企业按规定从净利润中提取的职工奖励及福利基金，也在本项目列示。

⑦ "其他应付款"项目，反映企业除应付票据、应付账款、预收款项、应付职工薪

酬、应交税费等经营活动以外的其他应付、暂收的款项。本项目应根据"应付利息""应付股利""其他应付款"账户的期末余额合计数填列，其中的"应付利息"仅反映相关金融工具已到期应支付但于资产负债表日尚未支付的利息。基于实际利率法计提的金融工具的利息应包含在相应金融工具的账面余额中。

⑧"持有待售负债"项目，反映资产负债表日处置组中划分为持有待售类别的资产直接相关的负债的账面价值。该项目应根据"持有待售负债"账户的期末余额填列。

（3）所有者权益项目的填列说明举例

①"实收资本（或股本）"项目，反映企业各投资者实际投入的资本（或股本）总额。本项目应根据"实收资本（股本）"账户的期末余额填列。

②"其他权益工具"项目，反映企业发行的除普通股以外分类为权益工具的金融工具的期末账面价值，并下设"优先股"和"永续债"两个项目，分别反映企业发行的分类为权益工具的优先股和永续债的账面价值。

③"资本公积"项目，反映企业收到投资者出资额超出其在注册资本或股本中所占的份额以及直接计入所有者权益的利得和损失等。本项目应根据"资本公积"账户的期末余额填列。

④"其他综合收益"项目，反映企业其他综合收益的期末余额。本项目应根据"其他综合收益"账户的期末余额填列。

⑤"专项储备"项目，反映高危行业企业按国家规定提取的安全生产费用的期末账面价值。本项目应根据"专项储备"账户的期末余额填列。

二、利润表编制

（一）利润表概述

1.利润表的概念和作用

（1）利润表的概念及编制原理

利润表又称"损益表"，是指反映企业在一定会计期间的经营成果的会计报表。

利润包括收入减去费用后的净额、直接计入当期利润的利得和损失等。因此，利润表主要是根据"收入－费用＝利润"这一等式，依照一定的分类标准和顺序，将企业一定会计期间的各种收入、费用支出和直接计入当期利润的利得和损失进行适当分类、排列而成的，它也是企业的主要财务报表之一。

（2）利润表的作用

①通过利润表，可以从总体上了解企业一定会计期间收入、费用、利润（或亏损）的金额及构成情况，可据以分析影响利润形成和变动的重要因素，分析、评价企业的盈利状

况和工作业绩，以及时改进经营管理、不断提高经济效益。

②通过利润表提供的不同时期的比较数字（本期金额、上期金额），可以分析企业的获利能力和利润的未来发展趋势，了解投资者投入资本的保值增值情况，进而为投资者进行投资决策提供资料。

2.利润表的结构

利润表的结构分为单步式和多步式两种。《企业会计准则》规定，企业的利润表采用多步式。

多步式利润表是将不同性质的收入和费用类别进行对比，从而得出一些中间性利润指标，便于使用者理解企业经营成果的不同来源。

（二）利润表的编制方法

利润表各个项目需填列的数字分为"本期金额"和"上期金额"两栏。

1.利润表的总体编制方法

由于利润表反映企业一定时期内收入、利得实现、费用、损失发生和利润形成的情况，而这一情况反映在账户中是损益类账户的本期发生额，因此利润表的总体编制方法是根据损益类账户的本期发生额分析填列"本期金额"。

2.利润表中"本期金额"栏各项目的填列方法

利润表"本期金额"栏反映各项目的本期实际发生数，"本期金额"栏内各期数字，除"基本每股收益"和"稀释每股收益"项目外，主要应依据损益类各账户的本期实际发生额分析填列。

3.利润表中"上期金额"栏各个项目的列报方法

利润表中"上期金额"栏各个项目，应根据上年该期利润表"本期金额"栏内所列数字填列。如果利润表项目的列报发生变更，则应当对上期比较数据按照当期的列报要求进行调整，并在附注中披露调整的原因和性质，以及调整的各个项目金额。

三、现金流量表编制

（一）现金流量表的概念

现金流量表是指反映企业一定会计期间现金和现金等价物流入和流出的会计报表。现金流量表反映了企业当期现金流入和流出以及净流量，可据以分析当期净利润与现金流量的差异，有助于正确评价企业的经营成果；可据以分析企业的偿还能力、支出股利的能力，为投资者、债权人和潜在的投资者、债权人作出正确的决策提供资料；可据以分析企业现金流入、流出的原因，预测企业未来生成现金流量的能力，促使企业不断提高经营成果。

1.现金的概念

现金流量表是以现金为基础编制的，这里所指的现金是指广义上的现金，具体包括两部分：一是现金；二是现金等价物。

（1）现金

现金是指企业的库存现金以及可以随时用于支付的存款，由库存现金、银行存款和其他货币资金几个部分组成。

①库存现金，是指企业持有可随时用于支付的现金数额，即与会计核算中"库存现金"账户所包括的内容一致。

②银行存款，是指企业存放在银行或其他金融机构可以随时用于支付的存款，即与会计核算中"银行存款"账户所包括的内容基本一致。区别在于：如果是存在银行或其他金融机构的款项中不能随时用于支付的存款（如不能随时支取的定期存款），则不作为现金流量表中的现金；但提前通知银行或其他金融机构便可支取的定期存款，则包括在现金流量表中的现金概念中。

③其他货币资金，是指企业存放在银行有特定用途的资金，如外埠存款、银行汇票存款、银行本票存款、信用证保证资金、信用卡存款等。

（2）现金等价物

现金等价物是指企业持有的期限短、流动性强、易于转换为已知金额现金、价值变动风险很小的投资。期限短，一般是指从购买日起3个月内到期。现金等价物通常包括3个月内到期的债券投资等。权益性投资变现的金额通常不确定，因而不属于现金等价物。企业应当根据具体情况，确定现金等价物的范围；一经确定不得随意变更。

2.现金流量的概念及分类

现金流量是指企业一定会计期间内现金流入和流出的数量。现金流量是衡量企业经营状况是否良好、是否有足够的现金偿还债务、资产的变现能力等非常重要的指标。按照企业经济业务发生的性质，将企业一定会计期间内产生的现金流量划分为以下三类。

（1）经营活动产生的现金流量

经营活动是指企业投资活动和筹资活动以外的所有交易和事项，包括销售商品或提供劳务、购买商品或接受劳务、收到的税费返还、支付职工薪酬、支付各项税费等。通过经营活动产生的现金流量，可以说明企业的经营活动对现金流入和流出的影响程度，判断企业在不动用对外筹得资金的情况下，是否足以维持生产经营、偿还债务、支付股利、对外投资等。

（2）投资活动产生的现金流量

投资活动是指企业长期资产购建和不包括在现金等价物范围内的投资及其处置活动。

现金流量表所指的"投资"既包括对外投资，又包括长期资产的购建和处置，即取得和收回权益性投资、购买和收回债权性投资，购建和处置固定资产、无形资产和其他长期资产等。投资活动产生的现金流量中不包括作为现金等价物的投资，作为现金等价物的投资属于现金自身的增减变动，如购买还有一个月到期的债券等，都属于现金内部各项目转换，不会影响现金流量净额的变动。通过投资活动产生的现金流量，可以分析企业通过投资获取现金流量的能力，以及投资活动对企业现金流量净额的影响程度。

（3）筹资活动产生的现金流量

筹资活动是指导致企业资本及债务规模和构成发生变化的活动，包括吸收权益性资本、发行债券、借入资金、支付股利、偿还债务等。通过筹资活动产生的现金流量，可以分析企业筹资的能力，判断筹资活动对企业现金流量净额的影响程度。

企业编制现金流量表进行现金流量分类时，对于未特别指明的现金流量，应当按照现金流量的分类方法和重要性原则，判断某项交易或事项所产生的现金流量应当归属的类别和项目。对于重要的现金流入或流出项目则应当单独反映。

3.影响现金流量的因素

企业日常经营业务是影响现金流量的重要因素，但并不是所有的经营业务都影响现金流量。影响现金流量的因素主要包括如下内容。

①现金各项目之间的增减变动，不会影响现金流量净额的变动，如从银行提取现金，将现金存入银行、用现金购买2个月到期的债券等，均属于现金各项目之间内部资金转换，不会使现金流量增加或减少。

②非现金各项目之同的增减变动，也不会影响现金流量净额的变动，如用固定资产清偿债务、用原材料对外投资、用存货清偿债务、用固定资产对外资等，均属于非现金各项目之间的增减变动，不涉及现金的收支，不会使现金流量增加或减少。

③现金各项目与非现金各项目之间的增减变动，会影响现金流量净额变动，如用现金购买材料，用现金对外投资、收回长期债券等，均涉及现金各项目与非现金各项目之间的增减变动，这些变动会引起现金流入或现金流出，现金流量表主要反映现金各项目与非现金各项目之间的增减变动情况对现金流量净额的影响。非现金各项目之间的增减变动虽然不影响现金流量净额，但属于重要的投资和筹资活动，在现金流量表的附注中反映。

（二）现金流量表的作用

1.现金流量表能说明企业一定期间内现金流入和流出的原因

现金流量表将经营活动、投资活动和筹集活动产生的现金流量，按类别分流入和流出项目进行反映，能够清晰地说明现金从哪里来，又流到哪里去，即反映现金流入、流出的原因，这些信息是资产负债表和利润表所不能提供的。

2.现金流量表能够说明企业的偿债能力和支付股利的能力

资产负债表和利润表虽然在一定程度上能说明企业的偿债能力和支付股利的能力。但是在某些情况下，企业一定时期内获得的利润并不代表企业真正的偿债或支付能力；有的企业利润表上反映的经营业绩并不可观，却有足够的偿付能力。产生以上情况的原因之一就是会计核算中所含的估计因素。而现金流量表完全以现金的收支为基础，消除了估计因素所产生的影响，因此能够使投资者和债权人了解企业真实的获取现金的能力和现金的偿付能力，从而增强投资者的投资信心和债权人收回债权的信心。

3.现金流量表有助于分析企业未来获取现金的能力

现金流量表中经营活动现金净流量本质上代表了企业自我创造现金的能力。因此，经营活动现金净流入占总来源的比率越高，企业的财务基础越稳固，在未来企业内外部环境比较稳定或趋好情况下，未来的现金净流入也就越有保证。投资、筹资活动现金净流量代表企业运用资金、筹集资金、获得现金的能力，但筹资现金流入意味着未来偿还时的现金流出。此外，通过对现金流量表经营活动现金流量与本期净利润差异及其原因的分析，可以更合理地预测未来的现金流量，这是因为按权责发生制或配比原则计入当期收入或费用的业务，有些虽不反映为当期现金流量，却意味着未来会产生现金流入或流出。

（三）现金流量表的基本结构

现金流量表由表首、正表和补充资料三部分组成。

①表首部分列示报表的名称、编制单位名称、会计期间、货币计量单位等。

②正表部分是现金流量表的主体，共有五项：经营活动产生的现金流量；投资活动产生的现金流量；筹资活动产生的现金流量；汇率变动对现金的影响；现金及现金等价物净增加额。经营活动、投资活动和筹资活动产生的现金流量要按照现金流入和流出的性质分项列示。

③补充资料是对正表的补充说明，全面揭示企业的理财活动并发挥与主表相核对的作用。补充资料共有三项：将净利润调节为经营活动产生的现金流量；不涉及现金收支的重大投资和筹资活动；现金及现金等价物净增加情况。

正表第一项经营活动产生的现金流量净额与补充资料第一项经营活动产生的现金流量净额应当相符；正表第五项与补充资料中的第三项存在钩稽关系，金额应当一致。

（四）现金流量表的列报方法

现金流量表的列报方法有直接法和间接法两种。它们通常也被称为现金流量表"报告方法"。

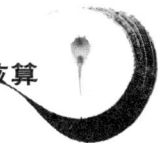

1.直接法

直接法是指按现金收入和现金支出的主要类别直接反映企业经营活动产生的现金流量，如销售商品、提供劳务收到的现金，购买商品、接受劳务支付的现金等就是按现金收入和支出来直接反映的。在采用直接法的情况下，一般是以利润表中的营业收入为计算起点，调节与经营活动有关的项目的增减变动，然后计算出经营活动产生的现金流量。现金流量表的正表要求采用直接法编制。采用直接法确定现金流量编制的现金流量表，便于分析企业经营活动产生的现金流量的来源和用途，预测企业现金流量的未来前景。

2.间接法

间接法是指以净利润为计算起点，调整不涉及现金的收入、费用、营业外收支等有关项目，据以计算出经营活动产生的现金流量。现金流量表的补充资料部分要求采用间接法编制。采用间接法编制的现金流量表，便于将净利润与经营活动产生的现金流量净额进行比较，了解净利润与经营活动产生的现金流量差异的原因，从现金流量的角度分析净利润的质量。

第七章　迈向数字经济时代的税收制度转型

第一节　数字经济对现行税制的影响

一、数字经济对现行税制的影响

现行的税制体系是伴随着工业社会的发展而逐步建立起来的，包括对企业和个人征收的企业所得税、个人所得税和社会保障税（费）；在商品、服务的生产和流通环节普遍征收的增值税（按增值额多环节征收）或零售税（在最终消费环节按销售额征收），以及选择部分商品（如烟、酒、成品油）选择性征收的流转税；对财产或财产交易征收的财产税。数字经济的发展改变了生产的组织方式和生产与消费之间的空间布局，生产要素的分布及生产与消费的空间布局对现行税制和国际税收规则产生了重大影响。

（一）数字经济对税制的影响

1.企业边界的扩张与实体存在的弱化

就税收制度而言，数字经济的发展导致以生产要素在地理空间上集聚并采用科层制管理为特征的工业时代的企业，正在逐步被"没有任何重大实体存在"而又能广泛参与不同"税收管辖区"经济活动的大型网络平台所替代；生产、批发、零售各环节以及产业、行业之间的界限日益模糊，最终消费者与货物和服务提供者之间的空间距离不断扩大。这对以实体方式存在的企业及其分支机构为主要征税对象，按行业和区域划分税收的现行企业所得税、增值税和一国内部各行政辖区及国家间的税收利益分配产生了重大影响。

2.生产组织方式与就业形态的变化

在工业革命之前的传统社会，家庭不仅是消费单位，同时也是基本的生产单位，如农户和家庭手工业。工业革命后，基于大规模生产和大规模销售的科层制大企业成为生产的基本组织形式，自然人作为劳动者不再拥有物质生产资料和生产管理的自主权，而是通过与企业建立雇佣关系，集中在企业提供的空间中与生产资料相结合进行生产，由此使得雇佣劳动成为工业社会劳动就业的主要形式，自然人的生产与消费，工作和生活也在空间上

分离，家庭只是自然人生活和消费的空间，生产资料（中间投入）与消费品也易于区分。现行企业所得税、对消费课税的税种（如零售环节的中间投入免税）、社会保险税（费）和个人所得税所得项目的划分及其征收方式在很大程度上都是以此为基础建立起来的。

数字经济的发展使企业对个人、个人对个人直接交易的市场环境和技术条件日趋成熟。在某种意义上，经济学家科斯指出的以降低交易费用为主要动因而建立起来的、以企业为主体的工业经济时代生产组织方式，随着信息和通信技术革命以及区块链等新技术的兴起正在被更为灵活的要素组合方式所替代。共享经济、众筹、众包、自媒体与知识付费、微商等业态的兴起使自然人作为消费者和生产者边界变得模糊。而自动化、人工智能等新技术的广泛应用则会进一步深刻影响就业结构和就业方式。上述变化不仅使人口老龄化的经济体以雇佣劳动报酬为主要来源的社会保障筹资模式更加难以维持，新技术应用对劳动报酬实现形式和收入分配的影响也对个人所得税改革提出了新的要求。

3.生产资料的构成形态

数字经济的发展在深刻影响生产组织方式和劳动就业形态的同时，也对生产资料的构成形态产生了重大影响。在工业经济时代，科学技术的持续进步成为推动生产发展和经济增长的主要动力，但受到交易条件等因素的制约，技术的价值不仅通过知识产权等无形资产的形态存在，在生产领域更多地凭借以机器设备为主的有形生产资料的形态存在。数字经济以及自动化、智能化的发展不仅导致软件（代码）等无形资产在生产中的重要性不断提高，知识产权、特许权使用费等资产与有形资产进一步区隔和剥离的趋势也日益明显。而随着经济的发展和人均收入的增加，服务消费在最终消费中的比重逐步提高，需求结构的深刻变化也使得无形资产在价值创造中的作用进一步提高。

（二）数字经济发展对中央与地方税收分配的冲击

对国内电子商务而言，随着电子商务交易额的不断提高，电子商务企业和电子商务消费者区域分离的趋势日益明显。电子商务交易可以以较低的成本实现全国市场的覆盖，这与传统批发和零售企业的交易半径较小，通常局限在特定行政区域的情况有很大差异。

在我国，在增值税作为中央和地方共享税的体制下，国内电子商务的发展同样会对现行的分税制财政体制造成冲击。随着与消费者数量和消费能力匹配的区域性批发和零售企业逐步被远程电子商务企业替代，按照属地管理方式征收的增值税会向电子商务企业聚集的区域集中。

此外，数字经济的发展对生产要素和价值链空间布局的影响同样也会对国内增值税的税源划分产生重大影响。

"营改增"全面试点推开后，增值税中央和地方分享比例调整为5：5，增值税地方分享比例的提高会进一步加剧生产地与消费地税源分配的问题。

（三）数字经济发展对国际税收规则的冲击

数字经济发展带来的生产地与消费地的分离也使得建立在工业社会税制基础上的区域之间税源划分面临着严峻挑战。如果说，数字经济发展对一个国家（税收管辖区）内部的影响可以通过税制改革、支出政策和政府间转移支付的调整予以应对，但当这种影响超越了税收管辖区的边界则需要调整现行的国际税收规则。

在所得税领域，数字经济的发展引发跨国公司对全球价值链布局进行重新调整，大型科技公司利用知识产权等无形资产在低税地设立利润中心，没有重大实体存在的企业直接跨境提供数字化产品和服务，大型网络平台在全球范围提供免费服务并通过收集和利用用户信息获取在线广告收入，这些都带来了利润实现地与经济活动发生地和价值创造地的背离。在间接税领域，跨境电子商务带来的低价值货物进口、数字化产品和服务的直接跨境交易对以企业及其常设机构为征税对象的增值税（货物劳务税）、零售税、消费税、关税的征收带来了冲击，跨境贸易的间接税制调整也迫在眉睫。

现行税制及其征管模式调整的相对滞后也产生了传统工业经济与数字经济之间税负的差异，而这种差异反映在国家层面则表现为数字经济发展程度不同的国家对相关领域税制改革，尤其是国际税收规则调整的立场、倾向和政策主张的差异，这是工业经济向数字经济转型过程中税制改革和全球税制与征管协调需要面对的基本问题。

二、数字经济新税源对税制的影响

数字经济下，新税源使税制要素发生了重大变化。主要表现在以下六个方面。

（一）纳税主体

数字经济下纳税主体会出现个人化倾向。默默耕耘的程序员、设计师、作家等，都将在数字经济中找到自己的位置。"新知"个体户、个人独资企业、一人有限公司、合伙企业都会增加。同时，无须登记注册的自由职业者、业余生产者将大量涌现。此外，集团化和跨地区的大型、特大型企业也将层出不穷。

（二）课税对象

税收本质上是对存量和增量的社会财富课税。在农业时代对人和土地课税，在工业时代对商品课税。在知识时代，课税对象将由有形转为无形，即对数字产品和数字化服务课税。

（三）计税依据

数字产品为智力劳动的成果，其定价仍然遵循马克思的劳动价值论，即产品价值由其消耗的社会必要劳动时间决定。但复杂的智力劳动如何折算成简单体力劳动的社会必要劳动时间，具有模糊性。因此，数字产品的定价似乎要掺杂其他影响因素，使计税依据的确定变得难以琢磨。"碎片化"的税源，在设置了起征点以后，存在不能积少自然也不能成多的可能。

（四）税率

头脑经济智力劳动的特点，使数字产品生产成为同质化的劳动，因此在确定税收负担时不宜差别对待，单一比例税率将成为首选。

（五）纳税期限

"稍纵即逝"的税源往往只给税收征管一次机会，"过了这个村，就没这个店"，非注册经营的纳税人只能按次纳税。一次征收机会难以实现多税种同时征收，难以运用累进税率、多档比例税率。这对税种和税率的设置产生了重要影响。

（六）纳税地点

属地主义和属人主义、利润创造地和利润实现地等各种原则影响着纳税地点的设定。买方纳税和卖方纳税也会影响纳税地点。数字经济下，"有形世界"与"无形世界"的空间具有非对称性，使税制改革面临的问题更加复杂。

第二节　应对数字经济的国际税收规则调整

一、数字经济带来的国际税收问题

数字经济带来的国际税收问题主要表现在三个基本领域：一是在直接电子商务领域数字化产品对现行流转税征收体制的冲击；二是间接电子商务领域低价值货物进出口对各国进口环节增值税和出口退税制度的冲击；三是所得税领域，利润实现地与经济活动发生地和价值创造地的背离问题。

（一）数字化产品的直接电子商务对增值税的冲击

数字经济导致生产与消费之间空间布局的改变，生产者可以跨越国（关）境直接面对全球消费者进行零售，这给增值税制的运行带来了重大影响。在服务贸易领域的直接电子商务模式，也就是通过互联网可以完成全部交易环节的电子交易，包括数字化的产品，如音乐、电影、媒体、软件、书籍以及通过互联网可以直接实现的服务，如远程咨询、数据处理等，由于其可以不依赖于有形货物的运输和交付，因此能够轻易绕过海关代征增值税的环节。如果直接电子商务的出售方在消费者所在的国家（或地区）没有实体性存在，按照增值税征收的消费地原则，服务提供国（或地区）如何实施出口退税、服务进口国（或地区）如何征收增值税成为征管的难题。而且如果A国（或地区）的居民在B国（或地区）期间通过下载方式购买了位于C国（或地区）服务器上的D国（或地区）居民的书籍，如何征收并分配增值税？

（二）间接电子商务对进口环节增值税和出口退税的影响

对于间接电子商务，即利用互联网进行的有形货物的销售，在全部交易环节中至少有形货物送达购买方仍需要依赖物流的情况下，各国普遍认为应适用与线下交易相同的税收制度，需要缴纳关税和进口环节增值税。但在税收征管中，B2C的跨境交易使一国（或地区）境内的购买者并不是传统意义上的进口商，而是作为个体的消费者。对跨境零售出口国（或地区）而言，需要制定和完善零售出口的增值税退税政策，而对于进口国（或地区）而言，如果出口商在国（关）境内没有常设机构应如何征收进口环节增值税？是通过国际协调要求在境外的非居民企业为本国（或地区）代缴增值税，还是要求境外出口商必须在境内登记备案并代缴增值税，或者要求境内自然人消费者直接向税务机关申报纳税？

近期我国对跨境电子商务零售进口税收政策的调整，反映了电子商务发展对传统进口环节增值税征收机制的影响。如果跨境电子商务零售进口的关税和增值税无法有效征收，不仅直接冲击了现行的关税政策和一般贸易进口，进口环节增值税的缺失更为重大的影响是违反了税收公平的基本原则。如果国内企业采取先出口到邻近的保税区（运输成本较低）并获得出口退税，再通过零售进口的方式不交或少交进口环节增值税的模式，国内增值税征管体系将面临重大冲击。

需要注意的是，这次政策调整中对跨境电子商务零售进口商品的单次交易限值和个人年度交易限值的规定需要依托跨境电子商务零售进口商品购买人（订购人）身份信息的认证，实际上已经将自然人消费者纳入了增值税的征管范围，这是增值税征收机制的重大变革。

（三）利润实现地与经济活动发生地和价值创造地的背离

数字经济的发展对现有国际税收规则已经产生了重大的冲击，跨国公司利用数字经济商业模式的特征进行的全球税务安排造成了利润实现地与经济活动发生地和价值创造地的背离，这造成了"双重不征税"和各国之间税收利益分配的不均衡。具体来说，数字经济对所得课税的国际规则的冲击主要表现在以下三个方面。

1.常设机构和联结度规则

数字经济发展带来的无形资产价值的提升，以及无形资产的流动性和业务功能的转移性等特征使得跨国公司可以依托数字技术重新进行运营管理、研发、售后服务、交易支付等生产要素的布局，远程管理的服务器能够承担原本由传统的常设机构承担的职能，从而给以常设机构认定为基础的国际税收规则带来重大冲击。如何根据数字经济商业模式的特征修订现有的联结度判定标准，以建立确定所得来源地的新规则，是国际税收制度调整的重大问题。

2.利润归属规则

修订常设机构的定义并建立新的联结度规则，只是部分解决了没有传统实体存在的国家（税收管辖区）拥有对来自本国所得的征税权。由于无形资产在数字经济领域的价值创造中发挥越来越大的作用，而无形资产的价值实际难以准确评估，同时数字经济领域具有市场垄断特征，因此在总体上缺乏可比的独立交易，这导致传统的以"独立交易原则"为基础建立的现行转让定价及相应的利润归属规则难以适用。如果以各国的市场份额为依据直接或间接进行利润划分，则意味着传统的所得课税的来源地原则将被市场所在地原则全部或部分取代，所得税与消费税的分配规则将趋同。

3.数据和用户参与在价值创造中的地位

尽管在BEPS（小额批量支付系统）包容性框架下针对跨国公司的避税行为形成了"利润应在经济活动发生地和价值创造地征税"的总原则，但在数字经济领域，由于对数据和用户参与的依赖是数字经济商业模式的突出特征，因此产生了原始数据本身是否具有价值，用户参与或贡献在价值创造中的作用如何准确地计量等问题，而对上述问题的争论直接影响了利润归属规则的确定。

二、数字经济国际税收规则演进趋势

信息通信技术推动数字经济的迅猛发展的同时不断衍生创新了新型的经济业态，强调根据经济活动与有形场所的关联来协调课税权的传统税收规则已不那么具有可行性，无法有效应对数字经济下突破了传统时间概念和空间限制的价值创造模式，难以保障各国的课税权及税收公平，也未能基于数据的价值和功能，发现并承认用户及市场国在数字企业价值创造中的巨大作用。

（一）立足于数字经济特点突破"物理存在"原则

传统商业模式下，居民国先天享有对跨国企业经营所得课税的权利，而收入来源国是否享有对跨国企业在其境内从事经营活动所得进行征税的权利取决于该跨国企业是否在来源国内设立了常设机构。居民税收管辖权行使的一个重要标准是确定该纳税人是不是一国的税收居民；对于来源国税收管辖权的确立，非居民企业在来源国进行经济活动的前提是在其境内建立物理性存在，那么收入来源国在其境内的课税权往往联结于非居民企业在境内设立的物理性存在。如设有营业活动的管理场所、分支机构、建筑工地、提供劳务的非居民劳务人员或者营业代理人等中介性机构，形成了来源国对非居民企业所得行使课税权的依据。

数字经济由于其虚拟性和可移动性等特点，数字化商业模式日益生成"虚拟存在"的演进趋势。形如互联网电子商务企业采用的商业模式可使得"物理性存在"经营方式失去意义。非居民企业可通过在互联网设置网上商城，非居民企业与用户可直接在与互联网连接的服务器上的由数据和软件组合商业销售网址内进行各个交易流程，无须在来源地国设置实体机构或人员等物理性存在，进而实现获得跨境营业利润的目的。这种虚拟存在形式很明显突破了传统经济模式下来源地国对非居民经营所得的联结标准，来源地国无法对从其境内获得跨境所得的无实体数字经济活动行使课税权。

（二）解决数字经济下的税基侵蚀和利润转移问题

数字经济活动下的核心生产要素，具有对无形资产高度依赖、业务功能多重移动性的特征。不同于有形资产具有物理属性的限制，无形资产可以轻易在企业间分配转移，分离资产的所有权及使用权，这形成了跨国数字企业重要的利润增长点，也使得跨境企业的利润所得分配和归属地更加难以确定，从而加剧了税基侵蚀和利润转移。

在近年的国际税务实践中，跨国数字企业借助信息通信技术不仅可以将多个业务功能分配给不同机构完成，还可以将进行相关业务活动时本应独立履行的功能分配给位于世界各地的不同机构完成，税务部门很难对企业各个部门功能进行分割，容易造成税务机关对跨国数字企业各个部门或机构的功能判定困难。加上在数字经济下，本应在传统交易模式中需要与外部企业达成的交易现在可直接在企业内部通过内部交易实现，给税务部门增加寻找类似可比交易的难度；另外，现如今大多数跨国数字企业通过在全球范围内寻求和充分利用区位优势实现功能剥离实施以价值链整合为核心的业务重组，利用数字化媒介高速在线达成交易，承担着数字企业的核心业务却无须像实体机构那样使用资产，承担风险，且交易量剧增，这种交易方式与通过传统实体媒介达成的交易没有太多的可比性，造成了定价成本和监管成本的升高。

（三）体现出数字经济改变价值创造模式的内在实质

经济全球化的过程中，以信息通信技术为代表的科学技术正在推动数字经济商业模式下的价值创造的缘起和过程演化，推进从价值链到价值网络再到价值商店的发展。在这种数字化趋势发展中，逐步形成了用户与企业共同参与到价值创造的过程中，两者呈现出越来越高的交互性且超越时空阻隔，有效形成了数据、用户和知识产权的协同性。

用户在消费产品或服务的过程中向企业提供了有价值的数据信息输入，企业可根据数据信息的输入进行广告的定点投送、提供用户增值服务以此增加平台流量，用户逐渐成为企业价值链的一部分。企业通过对消费者数据的密集监控，来改进产品服务和间接改善其他用户的平台性能，增加交易机会。另外，企业为建立用户与平台之间的可信机制，通过奖励手段鼓励消费者在平台提供评论或反馈，对其进行加工处理形成数据分析进而获取其他收入渠道。在这种交互模式中，企业通过开发和利用用户数据来实现价值和创造利润。显然，在传统税收规则下企业在数字经济中所创造的价值和利润中所包含的数据价值与贡献，并不能被清晰地界定和划分。因为这些数据往往来源于不同地区的客户群，导致了跨国数字企业价值产生地与其利润征税地之间的不匹配，损害了税制的公平性。

第三节　数字经济对税收征管的影响

一、数字经济对税收征管带来的挑战

在现代信息与通信技术的发展转型过程中产生了数字经济，数字经济具备六个基本特征：第一，数字经济是一种创新的经济形态，它是有"数字技术"及其衍生品参与其中的获取财富的活动；第二，数字经济有着虚拟和可移动性的特征，也就是说，其参与或者介入的获取财富的活动的渠道、流程以及方式方法都是无形的、动态的，并不具备肉眼可见的物理支撑；第三，数字经济是有大数据参与其中的经济形态，所以其对于获取财富效率的提高有着史无前例的意义；第四，数字经济对于"数字技术"以及它的衍生品在一定程度上有依赖性；第五，数字经济会随着"数字技术"以及它的衍生品等软硬技术的更新换代而产生剧烈的波动与不确定性；第六，数字经济存在负的外部效应，鉴于网络数据的虚拟性以及网络信息的外部性等原因，数字经济在发展过程中可能会引发"数字鸿沟"甚至是犯罪等问题。数字经济越来越成为我国宏观经济不可或缺的一部分，它的存在使得科学

技术变得更加平易近人、更加有说服力，同时也更加整齐划一。除此之外，数字经济的高速发展也在一定程度上改变了企业组织形式以及创新了企业运营模式。因此，数字经济实际上是一把双刃剑，对于税收征管来说，它既是积极正面的机遇、挑战，同时也是负面消极的冲击。具体来说，数字经济的发展对我国税收征管的影响有以下四个方面。

（一）数字经济的业务边界越发模糊

数字经济区别于传统经济模式的特征主要有业务边界模糊以及流动性大。首先，数字经济的业务边界不够清楚，这造成了其税源结构的多元化，普遍存在涉及两个或多个业务的情况。与传统的经济模式的单一和固定性不同，数字经济是一种有机结合了多种经济形态以及模式的新的经济形态。而现存的税收征管领域对于经济业务的界定准则不足以准确地区分数字经济的业务界限和内容范围。其次，相对于传统的经济模式，数字经济有较大的流动性，普遍存在业务跨国家以及跨地区的情况，这为跨国公司进行跨境价值重组提供了便利条件。许多跨国企业为了避税，在世界范围内转移收入和利润，这大大动摇了税收的基本，为本国的税收征管提出了巨大的难题。与此同时，数字经济往往覆盖的行业比较宽泛，经济行为常常会涉及两到三个，甚至更多的行业。数字经济业务边界越来越模糊的问题是税务部门难以避免的。

另外，数字经济的快速发展也带动了新兴产业的高速发展。目前最新潮的业务方式是以数字化和信息化方式来提供服务的，这种发展方式催生了明显区别于传统经济模式的收入类型。比如说增值税，目前我国的税收政策相关文件中所涉及的税目，无法完全覆盖数字经济模式下全部的交易形式，这导致很多的业务交易行为没有办法精准地归类到税法给定法人具体的税目中，直接使较多的收入项目没有办法在规定时间内入库。还有一部分业务交易兼具商品与服务的性质，且边界极其模糊，导致税务部门没有办法对这些业务用一种税收项目征税。再比如说所得税，经过互联网进行跨国或跨地区进行传输和提供数据服务时，像专利技术服务这种无形资产技术支持的服务形式比较复杂，在目前的税收政策条件下，无法将这项业务交易归属为特许权使用或是劳务服务，所以说业务收入很难进行准确定性，这为税务部门依法征税带来了困难。目前，各种网络平台愈加重视客户信息的安全保密性，这使得税务部门的税款征收困难重重。

（二）数字经济模式下纳税主体较为分散

作为第二产业基础力量的实体经济，其纳税主体相对分布较平均，业务交易的范围也比较集中，税收征管的难度也不高，税收部门可以比较方便地对纳税主体进行统计、追踪和把握，税收征收的成本也不高。随着数字经济的快速发展，纳税的主体范围也越来越分散了。相较于之前，数字经济模式下税务部门越发不容易确定纳税主体来进行针对性监

督。网络经济是全球目前比较热门的经济形式，其基础是网络平台，经济业务的信息传输、商品和服务的交易以及款项支付的各种行为都是在网络上进行的，其效率是非常高的。除此之外，越来越多的私营企业者加入互联网数字经济中，短时间内涌现出一大批私营业主，从业者分布越发广泛并且以网络平台上的交易为主，这明显区别于以隐蔽性、分散性为特征的传统经济模式。

较之从前，数字经济模式下税收监管面对的问题更严峻。比如说电子商务的纳税主体边界不清晰，越发难以辨别。目前，网上消费越来越普遍，但这种消费模式很难精确到商品或服务供给的企业或个人，所以税务部门通过域名确定法人经营地也就越来越困难。随着"新基建"成为驱动我国经济发展的新一轮动力，大数据企业所涉及的外部市场环境以及基础设施都有巨大的改变，也就改变了企业的规模分布。对税收征管来说，企业的制约因素是资金不足、人才短缺，加之这些企业财务管理不规范都给税务征管部门带来了困难。

（三）收入归属的判定不科学，征税权划分不够清晰

一方面，现阶段，数字经济经过一段时间的发展，已对宏观环境造成一定程度的影响，征税权利主体及权责范围划分不明确逐步演变成税收征管的不利因素。例如，跨境服务贸易，在对其征收增值税时，通常遵从目的地原则或消费地原则，然而，针对目的地或者消费地的相关规定和配套制度是缺失的，以至于使操作标准以及管理范围都是模糊的，在原则不够清晰的情况下，不仅使征收主体权利出现交叉或者空白，而且征收过程混乱，从而给税款征收造成消极影响。久而久之，随着这种影响范围的扩大，越来越多的税务征收部门和企业牵扯其中，出现的问题也逐步增多，严重影响了数字经济的投资方和经营主体的判断，增大了其日常测算难度，由于他们不能精准计算出跨境服务环节的税款和税后利润，从而显著提高了交易风险。另一方面，为了更科学地确认利润划分，究竟选择用哪种原则，也是现阶段面临的难题。

现阶段，我国正在实行的税收制度有关条款，对机构和场所的界定包括两个方面：一是进行日常经营活动；二是从物理上来说是有形存在的。这显然不能满足数字经济的新要求。在数字经济获得阶段发展的今天，物理上有形的场所并不是企业经营的必要条件，企业只需要具有形式上的场所便可以从事正常经营行为，甚至有很多企业的经营活动能够完全脱离营业场所。除此之外，我国现阶段执行的税收政策中，缺乏对数字经济的重要参与主体的明确界定，由于部分参与主体是虚拟的，所以无法找到参照依据。对于那些经营数字经济有关业务的非居民企业来说，利用数字技术，通过广泛的互联网分布，实现无实体化的经营模式，很多业务往来、款项收付等主要流程环节均通过线上达成，而之前传统的经营模式都要在一个固定的实体经营场所开展业务，较之传统模式来说，数字经济下的

经营活动不仅增大了税务部门的企业利润核算难度，而且对税务部门的有效监管提出新的挑战。

就个人所得税来说，其属于综合与分类的税制模式。税收征管相关规定指出，明确纳税人的收入来源性质是第一要务。然而，数字经济的发展，大大拓宽了人们的收入渠道，而且增加了人们的流动性，人们获取报酬的形式多元化且趋向零散化，提高了税务部门跟踪和核算纳税人收入的难度。纳税人收入来源跟踪的复杂性，增大了税务部门的工作成本，纳税人收入的漏算，使得应收税款额明显降低。

（四）税收征管手段单一，信息获取难度较大

现行的税收征管模式是基于传统经营方式设立的，数字经济的发展，不仅改变了经营模式，而且提高了运行速度，面对这样的变化，现行的税收征管模式表现出明显不足。第一，传统税收征管模式中的最为基础的专管员制度，对管辖责任的划分基于行政区域。每个专管员负责一部分征管企业，要想顺利完成工作任务，必须先明确了解自己负责区域内的纳税人信息。然而，和传统行业不同的是，数字经济凸显纳税人分散和虚拟两大特征。加上专管员整体素质参差不齐，对于那些综合素质不高的专管员来说，很难对这种新型的经济模式进行准确深入的了解，以至于不能对税收征管展开有效的监管。第二，现阶段正在实行的税收模式，只是粗略地划分为征收、管理、服务以及稽查四个部分，对于这些部分的工作职责以及权限范围，并没有一个明确的标准。拿纳税人自主申报这个业务来说，对于应该将其划分到税款征收，还是更应该归为纳税人管理环节，始终处于争议状态。另外，相较于传统业务模式，数字经济在业务办理流程及操作方面，主要通过线上完成，使其呈现虚拟化特性，要想按照现行税收征管流程，对虚拟化过程进行四个工作部分的划分，更是难上加难，因此也就更不用提能够对其进行有效监管。随着数字经济的发展，税务部门也认识到了其所带来的新变化，并为此作出了一些创新的举动，但综合来看，税务部门针对数字经济发展所作出的创新尝试，也只是集中在房地产和建筑业等少部分领域，而关于数字经济下出现的新的业务形态并没有进行一个较为系统的整理，只是处于初步探索阶段，对于税务征管如何有效应对数字经济带来的新变化，还有很长的路要走。第三，现如今，税务部门依然沿用"以票治税"的传统手段，主要以发票为依据，来对企业进行管控。数字经济不仅改变了业务形态，而且加快和提高了业务运行速度和效率，这使得基于传统硬件和软件系统的税收管理方式格格不入，逐步表现出较大问题。一方面，现阶段，税务工作逐步趋于细化，税务种类比较多，决定了税务部门需要具备很多种类的发票管理软件系统来开展工作，由于这些系统之间数据不互通，兼容性较差，显著拖慢了税收征管的工作进程。特别是在数字经济下，由于经济形式越发多样化，运行速度更趋快速，这种制约条件所带来的负面影响就更加显著，在更大程度上降低了税务征管效率。另

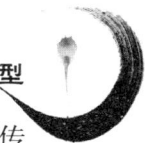

一方面，"以票治税"的征管方式，通常采用纸质发票。纸质发票信息承载量有限，且传输过程烦琐，传输速度较慢。伴随信息技术的快速发展，纸质发票的不足逐渐显现，数字经济显著增大了数据信息量，由此来看，较新型电子发票而言，纸质发票的不足就越发明显。由此可见，现行的"以票治税"征管模式，在当前数字经济环境下，已不再适用。除此之外，较传统经济形式而言，数字经济的交易方式也具有显著差异。就传统经济来说，通常采用现金或者刷卡等方式进行结算，结算方式比较直观且留有痕迹，交易信息易于获取，且便于税务部门借此进行跟踪。然而，随着数字经济的发展，互联网在经济中扮演的角色越来越重要，传统的现金及刷卡的传统结算方式逐渐不被人们所采用，人们越来越多地通过支付宝或者微信等互联网手段完成结算，由于线上交易比较隐藏，无疑增大了税务部门获取涉税交易信息的难度。另外，随着安全意识的提高，人们为了保护好自身信息不被泄露，通常更偏向于选择更为隐蔽的数据信息渠道，而且会想尽办法来隐藏自己的数据信息，面对这些新情况，税务部门尚未找到有效方法来应对，从而增大了税款流失的可能性。更为严重的是，尽管怀疑纳税人可能存在虚开骗税行为，由于专业技术手段以及人员整体素质的限制，无力找到有效证据来予以揭穿，造成国家税收损失。

二、数字经济时代税收征管的建议

（一）完善税收征管法律制度

数字经济发展不仅提高了业务运转速度，还改变了经济业务形态，而面对由这些新变化所引起的税收征管工作的不足，首先应有针对性地对法律制度进行完善，对于那些既有的法律制度，应结合数字经济下新型业务形态进行修订，对于空白地带，应制定新的法律制度，使每项税收征管都有法可依。

（二）创新数字化征管技术

首先，收集、整理数字经济相关数据，分析数字经济下外部环境出现的变化以及新型业务形态的特征；其次，针对数字经济下出现的新变化，结合现行税收征管技术和征管方式，分析数字经济下税收征管工作的新诉求；最后，借助互联网，采用大数据和云计算等先进信息技术手段，搭建较高专业水准的集数据信息获取及处理等功能的综合系统，提高信息数据获取的速度和准确度，最终提升税收征管效率。

（三）实施新型数字经济税收人才战略

一是从外部引入复合型人才，他们不仅掌握数字经济知识，而且具有数字经济下的行业工作经验，能够为税收征管部门提供新的工作思路和思考方式。二是加强人员培训，梳理数字经济下需要的征管知识和技术，建立完善的税收征管培训体系，对相关人员进行定期培训，并跟踪检查培训效果。三是加强人员的绩效管理工作，通过绩效考核指标，积极引导相关人员加强对数字经济下税收征管工作的重视，并积极贯彻执行。

三、基于征管变革的数字经济时代税制的重构

在数字经济发展的早期，其规模和对经济的影响不足以撼动几百年以来建立起来的适用于大工业时代的税制体系，因此税收"中立性"原则主要是指现行税制要努力适用于数字经济。但是，在数字经济逐步从"边缘"走向"中心"并正在持续而深刻地改变经济基本运行方式的时代，我们迫切需要对适应数字经济时代的税制进行前瞻性思考。

从税收征管的角度看，在大数据时代，交易、物流、支付信息的电子化和数据处理能力的提高，使得税务机关有可能获取全样本的涉税交易信息并通过支付的电子化实现税款的自动征收。而在经济活动日益国际化、平台化、碎片化，生产者和消费者的边界日益模糊，生产要素的组合和流动在更大的范围和更深的层次超越民族国家的边界，自然人、纳税人在经济活动中的地位不断上升的背景下，基于以企业作为最重要的经济活动主体，以制造—批发—零售模式建立起来的企业所得税和增值税体系将难以维持，未来数字经济时代的税制将很有可能最终放弃对日益复杂和难以识别的企业以及流转环节的征税，而将征税的主体聚焦为自然人并依托收入和支付信息的电子化征收个人所得税和由消费者直接缴纳的"真正意义上"的消费税。

第四节　我国促进数字经济时代税制转型的原则与措施

当前，我国经济正由高速增长阶段转向高质量发展阶段，经济的数字化转型是实现创新驱动发展战略的关键环节。在妥善应对数字经济发展带来的诸多挑战的同时，更要从战略的高度把握经济社会数字化转型对国家治理体系和治理能力革命性变革带来的机遇，而这将是未来大国之间制度竞争的主战场。

一、促进数字经济时代税制转型的原则

就税收制度而言，我国数字经济迅猛发展，电子商务和平台经济发展带来的区域间税源分布不均衡的问题逐步显现；数字经济发展带来的商业模式创新也给现行税制和征管带来了一定程度的挑战。在国际税收方面，我国作为数字经济大国，在进一步扩大开放的进

程中，如何更加深入地参与国际税收规则的调整，切实维护我国和发展中国家在数字经济时代的税收权益也是当前面临的重要问题。针对上述问题，适应数字经济时代的税制转型要坚持以下基本原则。

第一，坚持税收"中立性"和"包容审慎"的原则。以数字经济为代表的新经济，尤其是自动化、人工智能、区块链等技术变革将对所有行业产生影响，在"数字经济日渐成为经济本身"的情况下，难以从税收的角度有效区分数字经济和其他经济形式，同时考虑到税制公平和平稳过渡的需要，应重视税收的"中立性"原则，即确保税收对工业经济和数字经济的中性对待。同时，对经济数字化转型对原有税收制度的冲击，应采取"包容审慎"的原则，在坚持税收实质性公平的同时，对诸如跨境电子商务税收等政策进行适时调整。

第二，以税收征管数字化驱动税制改革。数字化转型为税务机关搜集利用涉税信息和优化征管流程提供了革命性的技术手段，应大力推动税收征管数字化与经济数字化同步发展，在大幅提高税收征收率和降低税制运行成本的同时推进现行税制的持续优化。最终争取在税收征管数字化的基础上率先建立高效、简化、更为公平且具有国际竞争力的数字经济税制体系。

第三，以"开放包容、合作共赢"为原则推动国际合作。在利润转移包容性框架下积极参与应对数字经济挑战，推进国际税收体系现代化的国际合作，在尊重各国按照本国国情行使税收主权的同时，落实、深化已经达成的各项共识和行动计划，按照经济活动发生地和价值创造地征税的原则切实维护发展中国家的税收利益，致力于达成以促进公平竞争和税收利益公平分配为目标的全球一致性税收解决方案。

二、促进数字经济时代税制转型的措施

在工业经济向数字经济的过渡时期，世界各国都面临着现行税制和国际税收规则调整乃至重构的任务。我国作为肩负着传统产业转型升级和数字化双重任务的发展中大国，也要同步推进税制的现代化与数字化。

我国坚持"中立性"原则，采取了包容审慎的税收政策，并针对数字经济发展带来的突出问题进行了相应税制调整，如跨境电子商务进出口领域的税制改革。同时，税务机关致力于利用数字技术推进"互联网+税务"的改革，依托于"金税工程"征收管理信息系统的不断升级，基于大数据的纳税评估、电子税务局、电子发票和区块链技术的应用推动了中国税收征管的数字化发展，为适应数字经济时代的税制改革奠定了初步的征管基础。电子发票的迅猛发展是数字技术与税收征管相结合的典型案例，在大幅降低企业税收遵从成本的同时也为税务机关提供了高效便捷的信息搜集渠道，适应了数字经济发展的需要，

也推动了税收征管的数字化发展。

未来，应从以下六个方面进一步推进适应数字经济时代的税制转型。

第一，要深入开展数字经济对税收制度影响的研究。结合数字经济时代经济运行的特征、就业结构与收入分配格局的变化，对适应数字经济的税制模式和税制改革进行前瞻性系统研究。

第二，要继续推进"互联网+税务"的改革。通过"金税工程"征管信息系统的不断升级，实施基于大数据的纳税评估与服务，推动电子税务局、电子发票和区块链技术的应用，在法律上合理划分税务机关、纳税人与平台企业的权利义务关系，为适应数字经济时代的税制改革奠定征管基础。

第三，要按照"竞争中性"原则缩小行业间的税制差异。应加快推进增值税简并税率改革，不断优化税收优惠政策体系，逐步缩小基于产业划分的选择性税收优惠政策，加大普惠性税收优惠政策的力度。

第四，根据数字经济运行的特征，优化中央与地方税收划分。针对数字经济发展对区域税收分配的影响，结合中央与地方政府间财政关系调整和地方税体系建设，研究完善增值税、企业所得税等税种的收入在区域间的划分规则。

第五，进一步加强国际合作，在国际税收规则调整中切实维护我国及发展中国家的税收利益。在目前BEPS包容性框架下积极参与推进国际税收体系现代化的同时，应高度重视相关规则调整对我国利益的影响，适时提出相关领域的"中国方案"。数字经济对发展中国家既是挑战，也是机遇。国际社会不仅要帮助发展中国家完善数字经济的基础设施，同时也要在推进国际税收体系现代化进程中，按照经济活动发生地和价值创造地征税的原则切实维护发展中国家的税收利益。此外，国际社会还应着重帮助发展中国家税务机关提高应用数字技术的手段和能力，推动税收征管的数字化发展。

第六，从长期看，数字经济的发展将导致对企业及流转环节的征税日趋复杂和难以识别，未来应探索建立以自然人纳税人为主体，以收入和支付信息电子化为依托，以低税率、广覆盖、高效率为特征的数字经济税制体系。

三、税制转型对企业财务管理的影响及应对

（一）"营改增"新税制改革的战略意义

"营改增"通俗来说就是对传统的服务业征收营业税的基础上改革成征收增值税，进一步地从制度上解决企业营业税制下"道道征收，全额征税"的重复征税问题，有效地实现增值税税制下的"环环征收、层层抵扣"，所以新税制更科学、更合理、更符合国际惯

例的特点已经受到了大部分国家的认可。虽说我国在"营改增"新税制改革前，也是在商品和服务增收营业税和增值税，但税制与国际惯例是不接轨的。

在企业的"营改增"新税制的背景下，税制分类一般可分为增值税和营业税，但两者基本上属于流转税，可他们的税额计算方法截然不同，其中增值税是通过纳税人在企业经营活动中获取的营业收入来计算税负。在不同情况下，两种税负的征收会针对纳税人不同，税负征收税率也大不相同，由此会显得增值税的优点更加突出，有效地避免了企业的重复征税，进一步实现国家税负能保持税负的公平性。

我国通过实施"营改增"新税制的改革，进而加快地推动了国家产业结构调整，坚持提倡在现代的服务行业发展水平中提升了第三产业，避免企业应纳税人员在营业税方面出现重复纳税等相关问题，"营改增"新税制的实施还可以帮助完善我国的税制，在国际市场激烈竞争的背景下加强我国制造业。

（二）企业财务管理理念随着税制改革而转变

1.在企业财务管理中税制转型带来的影响

影响企业收入核算和经营成本的因素其中也包括税制转型，税制进一步地转型改变了增值税和营业税性质，在企业的正常运行中，避免不了在日常运营中通常会购买服务和商品，恰好税制的转型刚好补缺了这项漏洞，尽早预防企业在发展的过程中出现纳税人重复缴税的现象。所以在一般情况下增值税专用发票在企业买卖者经济利益上有着直接影响，通过税制的不断转型，企业以及票务管理也有了新的规定，为了确保相关部门能够开具出真实、无误的票据，企业的相关部门就要严格加强自身对企业增值税务票据的使用和管理方面的要求，特别注意增值税务的种类、时间以及印章等外界因素。在传统的税收过程中，企业纳税一般都是根据企业预算得来的，这样会导致企业应缴纳的税额远远超出了实际应缴纳税额，严重情况下还会导致企业的经济利益呈下降趋势。可是国家通过实施"营改增"税制转型后，企业在税务缴纳中有了一定的保障，是在确定收到的款项数额后才会进行税务缴纳，进一步提高企业资金的高效利用。

2.税制转型对企业财务管理体系的影响

（1）企业应该建立健全规范的会计核算体系

为了实现企业长远稳定的发展目标，一个规范化的会计核算体系在企业的发展中起着重要的辅助作用，进一步加强企业全方位的控制和管理工作，避免企业承担财务风险、运营风险以及财务管理问题的出现，会计核算是结合反映企业内部经营管理和财务信息的主要措施，及时又具有准确真实的会计核算报表直接影响着企业高层管理人员的决策及公司内部的控制管理工作。通俗来说，会计核算在企业的运用，就是通过对企业方的经营、管理和预算并执行等方面进行评价，结合实际情况，发现里面出现的问题和带来的好处，可以在企业以后的发展中提供参考信息，找出问题并及时纠正。

（2）企业应该在会计核算中建立并完善评估体系

企业在建设会计核算体系过程中，必须要以相应的税收政策为前提，对企业实施税制转型后产生的影响要深化探究。与此同时，企业要在"营改增"新税制政策的相关内容上，必须加强相关的工作人员要深化了解实施税制转型后带来的影响和好处，培养工作人员的学习能力，准确地掌握企业即将会受到的影响，找到相应的解决措施，根据自身的工作特点进行调整，有效、合理、科学地规划自身的工作内容，结合企业的实际情况进行调整，提高工作人员的工作效率，确保企业的相关工作内容必须要符合并达到税收政策的基本要求。

（3）完善企业核算方案

通过国家实行"营改增"新税制转型政策后，企业为了确保税务核算方案的内容与税制转型政策的相关内容快速适应，就需要企业在重新制订自身的税务核算方案。在进行处理企业的各项税务核算问题方面，必须要根据企业自身的实际发展情况，迅速提高企业自身的经济利益，企业有效地增加了销售税、进项税包括增值税等，要时刻要求相关工作人员在工作中发现问题及时地去解决，要在企业的税务管理风险体系中不断地进行完善，可以避免企业会因为税务错误对企业的经济造成损失，进一步地加大了企业当前的经济效益。

（4）充分利用"营改增"新税制

在企业的发展过程中引进国家所指定的税制转型政策会带来很多有利的条件，所以企业要顺应国家的政策，在发展过程中充分利用国家政策中能帮助企业的有利条件。企业要鼓励相关的工作人员尽量根据国家的相关政策进行培训，不仅可以帮助员工提高个人的综合素质和技术水平，还可以在企业的核算过程中减少核算失误现象的出现，确保核算的正确率，从而减轻税收给企业发展带来的影响。

（5）在企业发展过程中提高财务能力加强制度管理

通过实行税制转型进而对企业财务人员的要求更加严格，要想尽量地满足会计核算的工作需求，企业要结合税制转型税收制度的内容作为培训会计工作人员的基础，帮助工作人员更好地适应于新环境和全新的工作内容，工作人员要时刻规范自身的工作内容，不断地完善相应的项税发票管理抵扣工作，企业还应加强内部的管理制度，树立正确的纳税观，确保企业在税制转型的过程中不受影响，向长远壮大的方向发展。

（三）增值税企业会计核算在税收改革后的改变

1.在会计核算的过程中企业的变化

在企业中增值税的主要内容是现金的流入水平的实际情况和销售环节的利润水平的实

际情况，会计工作应该在企业的发展中实施监督和反映，增值税会起到反映方面的工作，在企业的销售方面，购买货物者要按时登记税费缴纳情况。并且在企业进行账户处理以及缴纳增值税时，必须了解处理账户的相关流程，一定要确保账簿内容必须符合会计凭证内容，严谨妥善地保管好相关的凭证依据，相关人员在工作过程中要严格要求自己遵守相关的法律法规。国家部门也要落实监督工作，确保企业的账簿规范性，将监督任务落实到每个员工身上，有效地避免增值税的流入记为企业主营业务收入中，这样会出现借贷双方不一致的现象，直接影响企业会计信息的准确性。

2.企业财务管理过程中的改变

企业的增值额所征收的税款叫作"增值税"，主要涉及企业的长期投资、资本运营和利润分配方面，如果出现增值税率过高或超出增值税征收的范围，会影响长期投资的水平，而短期的资本运营过程中将存活投资的资金流作为征税对象，在存货的基础上减少资金的直接流入，实现了增值税金额的回流，所以在会计核算过程中，企业的财务管理过程中额外注重以后的现金流向变化，不单单是现金账面的周转过程，还掌握了企业资产的变动倾向。

（四）企业财务管理工作适应营改增的有效方法

实施"营改增"的最终目的就是降低企业的税负，当然一部分企业并没有真正受益，主要是因为没有根据自身企业的实际情况，进行合理科学的筹划与应用。合理地进行纳税筹划，在实施税制转型的过程中不可照搬税收筹划模式，企业要结合实际情况，合理识别自身的纳税本质与地位，积极努力地采取措施来适应新的税改。完善企业的财务分析，企业的稳定长远性发展过程中，相关财务人员必须要适应新改革，这是很重要的一步。企业想要利用好税制转型这项政策，就要严格结合企业的实际情况，在原先的财务核算中进行改变。有效地降低企业的财务风险，企业的优惠政策在实施税制转型过程中需要覆盖更多的领域，其中包含企业的营销、服务管理以及财务等方面。所以在短期内，企业的会计核算工作量会增大，员工很难适应，在此期间企业会遇到一些不同程度的问题。企业必须在税制转型的过程中以最快的速度进行调整财务管理核算制度与程序，及时反馈所出现的问题，企业的相关财务人员不能盲目实施税制转型的相应措施，根据企业实际情况，要求上层管理人员转变管理模式，从而加强企业能够更好地适应当今的社会。

参考文献

[1] 王继中.会计报表与现代企业财务分析[M].广州：广州中山大学出版社，2022.

[2] 赵颖，郑望，白云霞.现代会计与财务管理的多维探索[M].长春：吉林人民出版社，2022.

[3] 李婉丽，雷永欣，闫莉.企业管理会计与财务管理现代化发展[M].北京：中国商务出版社，2022.

[4] 张瑞琛.高等学校会计核心课程教材税务会计与税务筹划[M].北京：中国财政经济出版社，2022.

[5] 李宝敏.现代事业单位财政税收与经济管理研究[M].北京：中国商业出版社，2022.

[6] 梁俊娇.经济管理类课程教材税收系列税务管理[M].4版.北京：中国人民大学出版社，2022.

[7] 冯国跃.高新技术企业认定管理与税收优惠政策应用指引[M].北京：科学技术文献出版社，2022.

[8] 杜驰.21世纪经济管理新形态教材会计学系列税务会计与税收筹划[M].北京：清华大学出版社，2022.

[9] 杨启浩，张菊，李彩静.现代企业财务管理与管理会计的融合发展[M].长春：吉林科学技术出版社有限责任公司，2021.

[10] 赵小雅，周逸怀，李瑞科.现代财务会计与企业管理[M].北京：中国商业出版社，2021.

[11] 戴桂荣，何滔滔.税务会计[M].沈阳：东北财经大学出版社，2021.

[12] 李峰.会计学与财务分析基础[M].上海：上海财经大学出版社，2021.

[13] 郭艳蕊，李果.现代财务会计与企业管理[M].天津：天津科学技术出版社，2020.

[14] 杨力，邵莉，孙尧.现代财务会计及其会计信息化研究[M].长春：吉林科学技术出版社，2020.

[15] 王梓晨，李战奇，李钢.现代财务管理与会计信息化[M].哈尔滨：哈尔滨地图出版社，2020.

[16] 李华.财务会计[M].沈阳：东北财经大学出版社，2020.

[17] 张书玲，肖顺松.现代财务管理与审计[M].天津：天津科学技术出版社，2020.

[18] 钱红华，张慧珏.金融会计[M].4版.上海：上海财经大学出版社，2020.

[19]刘金星.管理会计[M].2版.沈阳：东北财经大学出版社，2020.

[20]张亚珍，高玉莲，陈世文.会计技能实操[M].上海：立信会计出版社，2020.

[21]梅媛，刘乐乐，张勇.税收管理与筹划[M].长春：吉林科学技术出版社，2019.

[22]吴旭东.税收管理第7版[M].北京：中国人民大学出版社，2019.

[23]王文清.进出口税收管理与检查[M].北京：中国税务出版社，2019.

[24]陈挺.电力企业税收管理理论与实践[M].北京：中国电力出版社，2019.

[25]王文清.进出口税收管理与检查习题集[M].北京：中国税务出版社，2019.

[26]冯燕.企业税收成本管理研究[M].长春：吉林大学出版社，2019.

[27]赵涛.中国税收风险管理体系研究[M].北京：经济科学出版社，2019.

[28]谢韵灵.税收风险管理实践与模型研究[M].上海：立信会计出版社，2019.

[29]余静，吕伟.税收风险管理理论模型与实践应用[M].上海：立信会计出版社，2018.

[30]谢波峰.互联网税收政策与管理12讲[M].北京：清华大学出版社，2018.